beck'sche reihe

bsr

Klaus E. Müller ergründet in diesem glänzend geschriebenen Buch mit scharfem ethnologischem Blick Rituale und Rezepte, die unsere Ernährung seit Urzeiten prägen. Vieles, was uns selbstverständlich erscheint – etwa bestimmte Sitzordnungen oder Vorlieben für bestimmte Speisen –, erweist sich dabei als eine archaische Erbschaft mit hoher symbolischer Bedeutung.

Klaus E. Müller ist Professor em. für Ethnologie an der Universität Frankfurt a. M. Bei C. H. Beck erschien von ihm u. a. «Schamanismus» (3. Auflage 2005).

Klaus E. Müller

Kleine Geschichte des Essens und Trinkens

Vom offfenen Feuer zur Haute Cuisine

Verlag C. H. Beck

Mit 16 Abbildungen

Dieses Buch erschien zuerst 2003 in gebundener Form mit dem Titel «Nektar und Ambrosia» im Verlag C. H. Beck und wurde für die Neuausgabe in der Beck'schen Reihe durchgesehen und mit einem neuen Vorwort ausgestattet.

1. Auflage (in der Beck'schen Reihe). 2009

Satz: Fotosatz Reinhard Amann, Aichstetten
Druck und Bindung: Druckerei C. H. Beck, Nördlingen
Umschlaggestaltung: +malsy, Willich
Umschlagabbildung: Jakob Lehnen, «Stilleben mit Römer», 1832, Stiftung Sammlung Volmer, Wuppertal
Printed in Germany
ISBN 978 3 406 58349 0

www.beck.de

Inhalt

Vorwort

Wer das Brot bricht und zum Munde führt, ahnt nicht, daß selbst dieser bescheidene Bissen die Frucht einer gut zehntausendjährigen Geschichte ist. Speisen sind, auch wenn es sich um Rohkost handelt, *Kulturgüter*; Menschen essen, Tiere fressen. Insofern glaubte man immer auch, andere Völker nach dem, was sie aßen, beurteilen zu können. In den alten ethnischen Gesellschaften galt die eigene Kost generell als gut und bekömmlich, die der benachbarten Gruppen als unschmackhaft, ja ekelerregend, teils schlechthin ungenießbar. Jean-Jacques Rousseau, einer der führenden Vertreter der Aufklärung, entwirft in seinem Roman *Julie oder Die neue Héloïse* eine Art gastrozentrischer Völkerpsychologie: Die Italiener erscheinen ihm aufgrund ihres überreichlichen Gemüseverzehrs als «weibisch und weichlich», die Engländer, mehr dem Fleischgenuß zugetan, neigen zu «unbeugsamen Tugenden» und einer Härte, die «der Barbarei nahekommt»; die Franzosen, die «von allen Speisen leben», zeigen sich entsprechend «geschmeidig und wechselhaft» und können sich «allen Denkungsarten fügen». Die eigenen Landsleute, die Schweizer, halten, wie es gut ethnozentrischer Überzeugung entspricht, in etwa die Mitte. Zwar gelegentlich frostig und aufbrausend von Natur, sind sie im Grund doch «friedfertig und einfach» – weil sie sich *gleichermaßen* von Gemüse und Fleisch ernähren und sowohl Wein *als auch* Milch trinken.

Erst recht scheinen Welten zwischen den Ernährungsweisen der modernen und der prämodernen Kulturen zu liegen. Und doch verbindet alle eine *gemeinsame* Geschichte, die tiefer und weiter reicht, als gemeinhin bewußt ist oder Norbert Elias sich träumen ließ, der allen Ernstes meinte, die Neuzeit markiere, auch bei Tisch, erst eigentlich den Beginn der «Zivilisation». Doch allein schon Regeln wie «schling nicht», «hampele nicht herum», «nimm nicht als erster» und «greife nicht gleich zu den besten Bissen» oder «iß deinen Teller leer» lassen sich weit über die «Elias-Linie» hinaus bis tief in die traditionellen Gesellschaften zurückverfolgen. Ein wesentlicher Unterschied besteht eher darin, daß früher dem Essen immer *auch* eine sakrale Bedeutung zukam. Die Mahlzeiten wurden in annähernd ritualisierter Weise, häufig schweigend, «andächtig» eingenommen; immer opferte man ein wenig davon den Verstorbenen, sprach vor und nach dem Essen ein Gebet und richtete Ahnen und Göttern nach der Ernte ein Dankfest aus.

Die eigentliche Wende setzte mit der Säkularisierung nach der Aufklärung ein. Zunehmend wurde das Essen als Mittel begriffen, die «Körpermaschine» funktions- und leistungsfähig zu erhalten. Ärzte rieten zu einer diätetisch verträglichen, «vollwertigen» Kost. Man begann, auf den «Nährwert», die notwendige Zufuhr an Kalorien, Kohlenhydraten und Ballaststoffen zu achten. Schließlich mit dem Aufbruch in den «Karawanengastrotourismus» wurden wieder mehr – wo der Geldbeutel das zuließ – Genußakzente gesetzt. Wem der Gaumen danach steht, kann selbst in der heimischen Kleinstadt in Gaststätten oder daheim Gerichte aus aller Herren Länder «verkosten» – nur: mit der kulinarischen Globalisierung kam auch eine gewisse Verunsicherung auf. Weiß man denn, ob die Gemüse aus dem Nahen und Fernen Osten nicht «kopfgedüngt» sind, wieviele «Schadstoffe» die Gerichte enthalten und wie hoch ihr Anteil an «Gammelfleisch» oder, so eine jüngste Hiobsbotschaft, an «Gammelkäse» ist und ob die Weine auch wirklich sauber sind? Neuerlich wird gar ernsthaft (außerhalb Europas) erwogen, sie rein chemisch herzustellen!

Das nach oben offene Vielfaltsangebot verträgt sich im Grunde nicht mit den alteingeprägten menschlichen Verhaltensgewohnheiten. Niemand versteht sich wirklich als «Weltbürger» oder schwört auf «gobale Kost». Es war unschwer vorauszusehen, daß es zu einer gegenläufigen Entwicklung kommen würde. Den verstärkten Bestrebungen zu wenn nicht politischer, so doch sprachlicher und kultureller ethnischer oder Provinzautonomie entspricht die nostalgische Rückbesinnung auf «gediegene Hausmannskost» und «Omas Küche». Rousseau war auch hier seiner Zeit voraus. In seinen *Bekenntnissen* räumt er ein: «Ich kannte und kenne noch immer kein besseres als ein ländliches Mahl. Mit Milch, Eiern, Gemüse, Käse, dunklem Brot und leidlichem Wein darf man stets sicher sein, mich köstlich zu bewirten.»

Kelsterbach, im August 2008 *Klaus E. Müller*

1. Der Kloß der Erkenntnis

Von der Schwierigkeit zu verstehen, was für andere das Essen bedeutet

Wer zu Tisch sitzt und traulich im Kreis der Familie speist, fühlt sich empfindlich gestört, wenn das Telefon klingelt. Ein Außenstehender drängt sich, ungebeten, in die familiäre Privatsphäre ein. Es gehört sich nicht, zur Essenszeit anzurufen. Doch heute halten sich nicht mehr viele daran. Die guten Sitten haben auch hier gelitten. Die Technik leistete der Ungehobeltheit Vorschub. Im Jahre 1864 wurde die «Russisch-Amerikanische Telegraphengesellschaft» gegründet. Ihr Ziel war, nachdem sich eine transatlantische Kabelverlegung – zunächst – als unrealisierbar erwiesen hatte, eine «Verdrahtung» zwischen Amerika und Europa über Land herzustellen. Sie sollte von British Columbia über Alaska, die Beringstraße und Nordostsibirien nach Süden bis zur Amurmündung führen, wo sich damals der östliche Endpunkt des kontinentalen Kabelnetzes befand. Zur Vorbereitung des Unternehmens waren zwei Jahre Sondierung in den noch weithin unerforschten Gebieten veranschlagt, durch die das Kabel verlegt werden sollte. Für die sibirische Seite stellte man eine Mannschaft aus einem Major, der die Leitung innehatte und vor allem für Organisation und Logistik verantwortlich war, und zwei jungen Amerikanern zusammen, einem Kaufmann namens Dodd, der bereits mehrere Jahre Landeserfahrung besaß und Russisch sprach, sowie George Kennan, einem seinerzeit vielgelesenen Reiseschriftsteller, Literaten und

Philanthropen. Von ihm stammt auch der Bericht des Unternehmens, das zuletzt dann doch nicht weitergeführt wurde, weil inzwischen die transatlantische Kabelverlegung gelungen und ein glänzender Erfolg geworden war.

Zwei Jahre lang durchstreiften Dodd und Kennan unter nicht unerheblichen Entbehrungen den Nordosten Sibiriens. Vor allem die langen Polarnächte stellten ihr Durchhaltevermögen auf eine harte Probe. Anfangs suchten sie Zuflucht im Schlaf, dann berichteten sie einander aus ihrem Leben und tauschten schließlich ihre Meinungen über Gott und die Welt aus, bis sie sich zuletzt «auf keinen Gegenstand mehr besinnen konnten, der nicht schon besprochen, kritisiert und nach allen Seiten beleuchtet worden war». Da hatte Kennan einen zündenden Einfall.

Sie lagerten damals im Hinterland von Anadyrsk (an der Mündung des Anadyr in den Anadyrgolf des Beringmeeres). Die Witterung erlaubte noch ein Kampieren im Freien. Gesellig lagen die beiden Männer, umringt von Tschuktschen, auf Bärenfellen um ein hell loderndes Lagerfeuer, den gestirnten Himmel über sich. Dies gab den Ausschlag. Kennan kam «der glückliche Gedanke, daß ich die langen Abende benützen könne, um unserm Gefolge von Eingeborenen Vorträge über die Wunder der modernen Wissenschaft zu halten. Mir war es Zeitvertreib, und sie konnten dadurch belehrt werden.»

Des großartigen Anschauungspanoramas wegen wählte er als erstes die Astronomie. Der Mangel an Mitteln verlieh seiner Erfindungskraft Flügel. «Ich war», beschreibt er das denkwürdige Ereignis,

> gezwungen, mein eigenes Planetarium anzufertigen; ein Klumpen gefrorenen Talges stellte die Erde, ein Stück Schwarzbrot den Mond, und kleine Stückchen getrockneten Fleisches die kleineren Planeten vor. Die Ähnlichkeit mit den Himmelskörpern war leider nicht sehr groß. Für einen Zuschauer wäre es jedenfalls sehr amüsant gewesen, den feierlichen Ernst zu beobachten, mit dem ich das Brot und den Talg ihre ent-

sprechenden Bahnen zurücklegen ließ, und die langgezogenen Rufe des Staunens von seiten der Eingeborenen zu vernehmen, als die Mondfinsternis auf dem Stück Brot sichtbar wurde. Mein erster Vortrag wäre von großartigem Erfolge gewesen, hätte mein Auditorium nur den symbolischen Charakter von Brot und Talg begreifen können. Leider war ihre Einbildungskraft sehr schwach. Es war ihnen nicht klar zu machen, daß das Brot den Mond und der Talg die Erde *bedeute*; sie betrachteten dieselben einfach als irdische Produkte, die ihren eigenen, inwohnenden Wert haben. Sie schmolzen die Erde, um sie zu trinken, verschlangen den Mond und verlangten sofort einen zweiten Vortrag.

Kennan geriet in Konflikt mit seinen aufklärerischen Idealen. Er suchte seinem Publikum verständlich zu machen, daß es um astronomische, nicht gastronomische Inhalte gehe und Finsternisse, wie sie durch die Vernichtung sämtlicher Himmelskörper hervorgerufen würden, extrem unwahrscheinlich und daher kaum geeignet seien, Verständnis für die Himmelskunde zu wecken. Allein, er stieß auf taube Ohren und sah sich genötigt, seine Vorträge in der Tat zu wiederholen und zu jedem

eine neue Sonne, einen neuen Mond und eine neue Erde zu liefern. Ich sah bald ein, daß diese astronomischen Feste zu volkstümlich wurden, denn mein Auditorium verzehrte jeden Abend ein ganzes Sonnensystem, und das Planetenmaterial fing an, rar zu werden.

Erst als Kennan, der Not gehorchend, Steine und Schneebälle für seine Demonstrationen benutzte, erlosch das Interesse schlagartig; niemand zeigte mehr Neigung, seinen Ausführungen zu folgen. Es war wohl doch mehr der gastronomische Aspekt der Polarnachtseminare gewesen, der die Aufmerksamkeit der «Eingeborenen» gefesselt hatte. Fleisch und Talg (tierisches Fett) bildeten seit alters Hauptbestandteile ihrer Nahrung; das Schwarzbrot dagegen hätten sie als *Fremdkost* eigentlich verschmähen müssen. Oder kam für die «Wilden», wie der Bericht durchblicken läßt, «erst das Fressen und dann die Moral»? Das wäre für Angehörige einer traditionellen Gesellschaft, die den überkommenen Manieren einen sehr hohen Stellenwert beimessen, äußerst ungewöhnlich gewesen. Tatsächlich war ihnen das Schwarzbrot nicht gänzlich unbekannt, da es schon seit längerem russische Kolonien in der Gegend gab.

Der Hauptgrund für ihr unbekümmertes Zulangen lag in der Art der Veranstaltung selbst. Zwar waren die Amerikaner, die da uneingeladen und zudem mit dreister Neugier ihr heimisches Territorium durchzogen, Fremde, denen man an sich mit Mißtrauen, ja Ablehnung hätte begegnen sollen; doch verband beide ein Abkommen, das die Auftraggeber *verpflichtete*, ihre Partner nach den Regeln der Reziprozität zu beköstigen. Diese durften daher davon ausgehen, daß jene nicht die Absicht hatten, sie durch Zauber schädigen oder gar vergiften zu wollen. Die abendlichen Seminare gehörten nach traditionellem Verständnis zum abschließenden Mahl nach getaner Arbeit; die «Sonderzulage» war Teil des ihnen zustehenden Entgelts; die Etikette gebot, *alles* Angebotene zu verzehren und keinesfalls etwas übrigzulassen. Als Steine und Schneebälle auf die Tafel kamen, betrachteten sie die Mahlzeit als beendigt. Die *Art* der Darreichung freilich mußte ihnen befremdlich, möglicherweise auch unterhaltsam erscheinen, aber sie zählte nicht. Die «Moral» kam also durchaus zuerst.

Daß die Polarsöhne die «Symbolik» nicht verstanden und scheinbar einem kruden Realismus frönten, kann man ihnen schwerlich verdenken. Die abendländische Astronomie stand ihnen allzu fern; sie hatte so gut wie nichts mit ihren eigenen Vorstellungssystemen gemein, von denen wiederum Kennan und Dodd kaum etwas wußten. Andernfalls wäre ihnen ihre karge Expeditionskost vermutlich im Halse steckengeblieben. Denn in prämodernen Gesellschaften bedeutete Essen und Trinken alles andere als schieren Verzehr, sei es aus Sättigungs- oder Genußgründen. Nahrung für sich *wie für andere* zu beschaffen, sie zuzubereiten, mit den Anwesenden zu teilen, manches zu speziellen Anlässen strikt zu meiden, zu Festen dagegen auf das üppigste aufzutragen, war von vielerlei Rücksichtnahmen und Verbindlichkeiten sowohl den eigenen Leuten als auch Geistern und Göttern gegenüber bestimmt, mit einer Anzahl heikler, oft tiefreichender sozialer und religiöser Probleme verbunden und insofern Teil eines hochkomplexen Anschauungs- und vielschichtigen *Symbolsystems*. Miteinander zu essen und zu trinken bedeutete ungemein viel. Den Tschuktschen war das geläufig, den Amerikanern offenbar nicht – *sie* waren die nüchternen Realisten. So zogen beide keine Erkenntnis aus der geteilten Kost.

2. Wildbret mit Früchten

Ernährung in Sammlerinnen- und Jägerkulturen

Menschen sind nicht nur Sohlengänger, sondern auch Allesfresser. Ihr Verdauungsvermögen meistert neben pflanzlichen und tierischen Stoffen auch Erden und Tone, ja rein chemikalisch synthetisierte Nahrung. Gleichwohl wurde das verschwenderische Angebot der Natur immer nur sehr begrenzt genutzt. Von Zehntausenden kultivierbarer Pflanzen fanden – vorübergehend oder auf Dauer – lediglich rund sechshundert Eingang in den Anbau. Das hatte mit den Umweltbedingungen, ebensosehr aber auch mit den überlieferten Lebensformen zu tun: Weniger die biologische als vielmehr die *kulturell* definierte Genußtauglichkeit zählte.

Die Tschuktschen und andere Polarvölker bis hin zu den Eskimo Nordamerikas und Grönlands lebten, umweltbedingt, nahezu ausschließlich von Fisch und vor allem Fleisch (bzw. Fett, Tran) – von Seesäugern (Robben und Walen), Renen, Bären und Moschusochsen. Kleinere Tiere, Wildgeflügel, Beeren, Flechten, Vogeleier und andere Sammelkost ergänzten den Speisezettel in nur sehr geringfügigem Maß. Sie setzten damit noch in etwa eine Tradition fort, wie sie jahrtausendelang während der letzten Eiszeit, des Würm-Glazials (70 000–10 000 v. Chr.), auch die jungpaläolithischen Kulturen Europas (ca. 36 000–8000 v. Chr.) geprägt hatte. Ihre Schöpfer waren unsere ältesten Vorfahren, die ersten dort lebenden Repräsentanten des anatomisch modernen Menschen, des *Homo sapiens recens*.

Mesolithisches Felsbild, ca. 6000 v. Chr., Finnmark, Norwegen. Jagd auf Großwild war in Sammlerinnen- und Jägerkulturen Aufgabe wie Privileg der Männer. Neben Pirsch- kamen auch Treibjagden vor, im Bild oben auf Elche und Bären. Im Hintergrund rechts stehen Jäger mit Pfeil und Bogen zum Schuß bereit. Mutter- und Jungtiere wurden gewöhnlich nicht erlegt. Fleisch galt als Vorzugskost. Erfolgreiche Jäger verteilten die Beute nach einem bestimmten Schlüssel an alle Gruppenmitglieder, um die in mobilen Kleingruppen eher lockeren Bindungen immer wieder aufs neue zu festigen.

In Anpassung an ihre extremen Umweltbedingungen hatten sie Formen des spezialisierten «Höheren Jägertums» entwickelt, das heißt, sie lebten zur Hauptsache von der Jagd auf bestimmte *Großwildarten* – Mammut, Auerochse, Wisent, Wollnashorn, Pferd, Ren und wiederum Seesäuger. Daneben erlegten sie Kleingetier (Schneehasen, Vögel) und betrieben ergänzend Fischfang. Männer, deren Sache, wie auch in der Folgezeit stets, die Jagd war, gaben den Ton in der Gesellschaft an; sie erhielten entsprechend reichere Grabbeigaben, auch an Schmuck. Je nach den Wildvorkommen und Gegebenheiten der Umwelt lebte man in kleineren Gruppen auf dem «flachen Land» in Zelten, Höhlen und unter Felsüberhängen, teils auch in halbunterirdischen Langhäusern. Jede Familie besaß ihre eigene Feuerstelle, beziehungsweise einen Herd aus sorgfältig aufgeschichteten Steinen. Da es an geeigneten Gefäßen fehlte, konnte darauf nicht gekocht, sondern nur Fleisch geröstet, gegrillt, gedörrt oder geräuchert werden. Vieles aß man vermutlich, wie die Eskimo heute noch, auch roh.

Das weckte oftmals die Vorstellung, als habe der «Höhlenmensch» seine «Beute» gleichsam mit den Händen und Zähnen zerrissen und gierig verschlungen, wie *Tiere* es tun, schlichtweg um seinen hungrigen Magen zu stopfen. Die Befunde wie auch ein Blick auf vergleichbare rezente Kulturen Sibiriens und des Hohen Nordens, ja auch auf Brauchtum und Glauben überwiegend von der Jagd lebender Völker generell, vermitteln jedoch ein anderes Bild. Die Menschen des Jungpaläolithikums fertigten bekanntermaßen großartige Fels- und Höhlenmalereien an. Darauf sind in der Hauptsache Großwild, tiermenschliche Mischwesen, Gestalten, die Tiermasken tragen, und Jagdszenen dargestellt, die auf jeden Fall zu erkennen geben, daß in der jungpaläolithischen Religiosität – ganz wie in späteren Jägerkulturen noch – das *Tier*, vor allem das Jagdwild, eine zentrale Rolle spielte. Infolgedessen begegnete man ihm sicherlich auf besondere Weise und mußte das *Töten* ein Problem darstellen, das entsprechende magische Umsichten, wohl auch spezielle Rituale erforderlich machte. Manches deutet auch schon auf schamanistische Séancen hin, das heißt Seelenreisen eigens dafür ausgebildeter Spezialisten zu den – wiederum tiergestaltigen – «Herrinnen» oder «Herren der Tiere» im Jenseits, Geistmächten, die Verantwortung für den Wilderhalt trugen und über den Jagderfolg entschieden. Verschiedentlich wurde offenbar auch, wie bis in neuere Zeit noch in Teilen Sibiriens und Nordamerikas, getöteten Bären, namentlich ihren Schädeln, kultische Verehrung zuteil. Alles Anzeichen dafür, daß man sein täglich Fleisch wohl kaum gedankenlos vertilgte. Näheres dazu wird noch zur Sprache kommen.

Gedanken kann man sich allerdings darüber machen, ob die Menschen bei dieser grünkostarmen Fleischvöllerei nicht allzu einseitig ernährt waren und entsprechende gesundheitliche Mängel litten. Die Knochenbefunde liefern indes keinerlei Hinweis darauf. Untersuchungen an noch weithin traditionell lebenden Eskimo bestätigten das Ergebnis: Alle verfügten über eine hervorragende Konstitution. Die Erklärung sieht man darin, daß die Eskimo auffallend reichlich Leber aßen, die fast alle lebenswichtigen Vitamine enthält, und sich viel im Freien aufhielten, so daß es durch die Sonneneinstrahlung zur Bildung von Vitamin D und damit zu einer hinreichenden Versorgung mit – im Fleisch nur mangelhaft enthaltenem – Calcium kam.

Doch Eiszeit- wie Polarjäger bildeten in der Geschichte der Menschheit, so wohl genährt sie immer auch waren, in jeder Beziehung eine Randerscheinung. Weiter im Süden lebte es sich nicht nur angenehmer, die Tafel war auch abwechslungsreicher und besser besetzt. Zur Jagd kam hier die Sammel- und Erntewirtschaft hinzu, beides immer der Aufgabenbereich der Frauen. Sie lasen Würmer, Raupen, Käfer und Schnecken auf, fingen Insekten (Zikaden und Heuschrecken vor allem), Eidechsen, Frösche und anderes Kleingetier, bohrten nach Maden und Mäusen, sammelten Pilze, Vogeleier und Blattgrün, gruben nach Wurzeln, ernteten Beeren, Früchte und Nüsse und «grasten» im wahrsten Sinne des Wortes alle größerkörnigen Gramineen- und Wildgetreideähren «ab».

Diese Art gemischter Zukost lediglich als willkommene «*Snacks*» zu betrachten, wäre eine grobe Fehleinschätzung. Sie besaß bereits unter subhumanen Primaten nicht nur eine lange Tradition, sondern auch eine für den Unterhalt kaum zu überschätzende Bedeutung. Bei Affen deckte die solcherart erbeutete Fleischkost unter Umständen gut 90 Prozent des Nahrungsaufkommens ab, in Sammlerinnen- und Jägergesellschaften machte die Sammelkost insgesamt bis zu 70 Prozent des Speisezettels aus. Auch in den Agrarkulturen spielte sie, zumindest in waldnahen Lagen, bis ins Mittelalter hinein eine erhebliche Rolle. In der Antike wurden bestimmte Larven aus Gründen der Delikatesse eigens mit Mehl gemästet und größere Insektenarten, wie namentlich Heuschrecken, auf den Märkten feilgeboten. Kein Geringerer als Aristoteles (384–322 v. Chr.) pries den Genuß fetter Zikadenlarven und empfahl, die entwickelten Weibchen vor allem zu kosten, wenn sie Eier trügen, also gewissermaßen mit «Kaviar» gefüllt waren.

Doch ging es nicht nur um den Gaumenkitzel. In traditionellen Subsistenzwirtschaften spielte die Sammelkost eine unverzichtbare Rolle, weil sie *reich an wichtigen Nährstoffen* war. Engerlinge, mehr noch Termiten und Heuschrecken, dienten zum Beispiel der ergänzenden Fettzufuhr. In den Tropen liefern Larven und Raupen bei einem Genuß von 20 bis 40 Stück bis zu 160 g, was etwa 1300 Kalorien entspricht, ausgewachsene Insekten gar das Drei- bis Fünffache davon. Tierisches Eiweiß, zur Hauptsache im Wildbret enthalten, konnte zusätzlich durch den Verzehr größerer Landschnecken aufgenommen werden, die im afrikanischen Regenwald mitunter bis zu Faustgröße erreichen. Pflanzliches Eiweiß und vor allem Kohlenhydrate (Stärke, Zellulose, Glykogen u. a.) lieferte der Genuß von Wurzeln, Blattgemüsen, Beeren, Früchten und Honig.

In Sammlerinnen- und Jägerkulturen, die immerhin das Gros der menschlichen Geschichte (rund 3 Millionen Jahre) ausmachen, hatte man also nicht nur ausreichend und gut zu leben, sondern verfügte auch über eine absolut *vollwertige* Kost. Selbst in den Rückzugsgebieten der neueren Zeit war das Angebot immer noch überreichlich. Buschmann-Gruppen in Botswana zum Beispiel ernährten sich zu einem Großteil von der Mongongo-Nuß, die fünfmal soviel Kalorien und das Zehn-

Einbringen von Wildhonig. Spätneolithisches Felsbild, ca. 5000 v. Chr., Pachamadhi, Zentralindien. Honiggewinn war eine riskante Tätigkeit, die eher der Jagd als der Sammelwirtschaft entsprach und daher Aufgabe der Männer war. Häufig befanden sich die Nester in hochgelegenen Spalten steil aufragender Felswände oder den Kronen großer Bäume, so daß man Leitern und Seile zu Hilfe nehmen mußte. Die Bienen vertrieb man durch Ausräuchern. Honig war jahrtausendelang der wichtigste und beliebteste Süßstoff. Seiner Seltenheit wegen stellte er eine Kostbarkeit dar, als begehrtes Genußmittel wie Tauschobjekt. Vielfach galt er als Speise der Götter und Seligen, denen er Unsterblichkeit verlieh; auf Erden maß man ihm besondere Heilkraft zu. Mit Wasser angesetzt und vergoren, wurde er als «Wein» oder «Bier» getrunken.

fache an Proteinen enthält wie vergleichbare Zerealien. Der Vorrat war so groß, daß alljährlich immer noch Tausende Pfund ungenutzt blieben. Daneben standen den Menschen gut 80 weitere eßbare Wildvegetabilien, auch sie in reichlichem Ausmaß, sowie hinreichend Wild zur Verfügung, so daß ihre Versorgung selbst in Dürrejahren keinerlei Engpässe kannte. Bei den Hadza, deren Lebensraum eine felsige Trockensteppe südlich des Victoria-Sees in Ostafrika bildete, herrschten eher noch günstigere Verhältnisse. Ärztliche Untersuchungen ergaben, daß ihre Ernährung nicht nur voll ausreichend, sondern auch optimal zusammengesetzt war und sie infolgedessen über eine hervorragende Gesundheit verfügten. An Arbeit brauchten sie dafür im Schnitt lediglich zwei Stunden pro Tag aufzuwenden! In der Ethnologie werden Sammlerinnen- und Jägervölker daher auch geradezu als «Überflußgesellschaften» charakterisiert.

3. Brei und Brot

Die Entstehung des Bodenbaus und die Folgen

Mit dem Übergang zum Bodenbau – in der Alten Welt (Vorderasien) um 10 000 bis 8000, in der Neuen etwa zeitgleich von 9000 bis 7000 v. Chr. – wurde das Leben härter. Nicht von ungefähr bestritten die Menschen den Paradiesmythen überall auf der Welt zufolge ursprünglich ihr Dasein allein von – rein vegetabilischer – Sammelkost. Nunmehr hatten sie den Acker, der ihnen «Dornen und Disteln» trug, ihr «Leben lang mit Kummer» zu bestellen und ihr «Brot im Schweiße ihres Angesichts zu essen» (1. Mose 3:17–19): Zu Saisonbeginn mußte der Boden gegebenenfalls gerodet, mit Grabstock oder Hacke umgebrochen, das Saatgut ausgebracht, später von Unkraut freigehalten und vor Wildschäden geschützt, endlich die Frucht geerntet und heimgetragen werden. Die Mühe konnte nur sinnvoll erscheinen, wenn Einsatz und Ergebnis in einem lohnenden Verhältnis standen. Insofern kamen nur bestimmte Pflanzen, die entsprechend reiche Ernten versprachen, für den Anbau in Betracht. Hier konnte man auf die Erfahrungen der vorangehenden Sammel- und «Erntewirtschaft» zurückgreifen. So wurden in den Tropen zur Hauptsache die zuvor schon sammlerisch genutzten Wurzel- und Knollenpflanzen Yams, Taro, Maniok und Batate, Staudengewächse (z. B. Banane) und Fruchtbäume (z. B. Palmen, Brotfrucht- und Mangobaum), in den gemäßigten Breiten die Zerealien Weizen, Gerste, Hirse, Reis und Mais, ergänzend Hülsenfrüchtler wie Wicke, Linse,

Erbse und Bohne in Kultur genommen. Sie bildeten fortan den Grund- und Hauptstock der Ernährung in den traditionellen Agrarkulturen.

Ihr Anbau lohnte nur, wenn er in größerem Umfang betrieben wurde. Schmalhans zog in die Küchen ein. Man lebte überwiegend von ein und denselben, nur wenigen Ackerfrüchten. Aber doch nicht ganz. In kleineren Mengen wurden, spätestens seit dem Altertum, auch andere Pflanzen, wie man sie bald im Garten nahe bei Haus und Hof zog, angebaut: zu Würzzwecken und zur Fett- beziehungsweise Ölgewinnung, wie etwa das Hirtentäschelkraut («Bauernsenf»), Zwiebel, Knoblauch, Lein und Olive, als Gemüse Lauch, Kohl, Gurken, Rettich, Melone und Kürbis, oder Salatpflanzen, wie Kerbel, Lattich und Endivie. Ihre Übernahme in den pfleglichen Anbau hatte zudem den sogenannten «Gigaswuchs» (von griechisch *gigas*, «gigantisch») zur Folge, das heißt, sie entwickelten sich kräftiger als ihre Wildformen und warfen entsprechend mehr ab. In Çatal Hüyük, einer frühjungsteinzeitlichen (neolithischen) Siedlung in der Konya-Ebene im südwestlichen Anatolien, konnten bereits für die Zeit um 6000 v. Chr. neben den hauptsächlich angebauten (Gerste, Weizen, Erbsen) mehr als zehn weitere Kulturpflanzen nachgewiesen werden. Und ergänzend wurde, damals wie Jahrhunderte später noch, in Wald und Wildflur gesammelt, gefischt und gejagt, wenn auch die Zeit dafür knapper geworden war, so daß die Erträge entsprechend geringer ausfielen.

Eine Ausnahme in dieser letzteren Hinsicht, auf die man so recht erst in jüngerer Zeit aufmerksam wurde, bildeten wohl immer schon, wie noch heute in Ländern der Dritten Welt, Bäume als Ernährungsquelle. Nahezu alle – im Senegal zum Beispiel gut 80 Prozent der Wildformen – kommen in Betracht, und nahezu alles an ihnen läßt sich, ob zum Verzehr oder zu Heilzwecken, nutzen: Wurzeln, Rinde, Mark, Saft, Sprossen, Blüten, Samen, Früchte (Nüsse) und vor allem die Blätter.

Yams-Knollen, zu Demonstrationszwecken aufgeschichtet vor dem Yams-Speicher eines «Big-Man», Ortschaft Koma, Papua-Neuguinea. Yams zählt – neben Taro, Maniok und Süßkartoffel – in tropischen Agrarkulturen zu den Grundnahrungsmitteln. Genutzt werden die stärkehaltigen Wurzelknollen. In Melanesien unterscheidet man der Form nach «männliche» (länglich, weiß), die von Männern, von «weiblichen» (kurz, rot), die von Frauen angebaut werden. Männer legen ihren Ehrgeiz darein, besonders große («schöne») Exemplare ihrer Art zu züchten. Während des Erntefestes werden sie zum Vergleich vor den Speichern oder auf dem Dorfplatz aufgeschichtet. Wer die größten und wohlgeformtesten vorweisen kann, gewinnt an Ansehen und Prestige.

Wünsche galanterer Art erfüllt unter Umständen der Rauch gewisser Hölzer: Frauen im Sudan suchen damit ihre liebesmüden Männer sexuell zu stimulieren. Doch stehen die Bedürfnisse des Magens im Vordergrund. Die Kayapó im Nordosten Brasiliens wissen die Früchte von 250 Baum- und Straucharten, Kerne und Nüsse von Hunderten weiterer zu nutzen. In Zentralindien finden 165 Arten in Küche und Apotheke Verwen-

Baobab, afrikanischer Affenbrotbaum (Adansonia digitata), Westsudan. Während der Regenzeit trägt der Baobab, der bis zu 20 m Höhe erreicht und einen Umfang von annähernd 40 m annehmen kann, ein reiches Laubkleid, dessen Blätter einen hohen Nährwert besitzen und – wie im Falle nahezu aller Bäume in den Tropen und Subtropen – entweder frisch verzehrt oder als Gemüse und Suppen- beziehungsweise Soßeneinlage benutzt werden. Das Holz dient zur Gewinnung von Bast für Seile und grobe Textilien. In den Kronen nisten oft Bienen. Auf dem Bild ist gerade ein Mann dabei, ein Honignest auszunehmen.

dung, während bei afrikanischen Savannen-Völkern vor allem der mächtige Baobabbaum in der Ernährung eine zentrale Rolle spielt. Hier werden insbesondere die – hoch nährwerthaltigen – Blätter genutzt. Man verzehrt sie entweder frisch oder trocknet und bewahrt sie für später auf. Neben ihrer Verwendung als Regelgemüse dienen sie durchgängig, zusammen mit Fetten, auch als Grundlage für Suppen und Soßen. Begreiflich daher, daß der Rückgang des Baumbestandes in vielen Ländern der Dritten Welt teils ernste zusätzliche Ernährungsprobleme für die Bevölkerung aufwirft.

Und analoge Konsequenzen drohen auch für die übrige Ergänzungskost. Wälder bildeten seit alters eine reiche Quelle an Wildobst. Abgesehen von Baumfrüchten wurden dem archäologischen Befund nach in der Alten Welt vor allem Himbeere, Brombeere, Hagebutte, Kornelkirsche, Johannis-, Vogel-, Holunder-, Heidel- und Erdbeere gesammelt. Der eigentliche Obstbau setzte erst mit den Archaischen Hochkulturen, etwa zwischen 4000 und 3000 v. Chr., ein, als größere, städtische Siedlungen entstanden und die Anbauflächen den Wald immer weiter zurückzudrängen begannen. Ursprungszentren bildeten vermutlich die nordöstlichen Bereiche des Mittelmeerraums (Iran, Anatolien), teils auch China und Indien (Industal-Kulturen). Schriftzeugnisse belegen für die alten Reiche von Ägypten

Fruchtkerne des Baobab. Der Baum trägt ca. 20 cm lange, gurkenförmige Früchte mit hölzerner Schale und gelblichem, zucker- und säurehaltigem, eßbarem Fruchtmark. Die darin eingebetteten Kerne sind fetthaltig und werden sowohl als «Snacks» gegessen wie auch zu Öl verarbeitet.

bis zu den Hethitern im zentralen Hochland von Anatolien unter anderem den Anbau von Apfel, Birne, Pflaume, Kirsche, Aprikose, Feige, Quitte, Wein, Myrten- und Maulbeere, Zitrone, Orange und Pfirsich (beide wohl ursprünglich aus China stammend) und vor allem von Dattelpalmen, deren Frucht für weite Teile der Bevölkerung, wie noch heute, eine Art Grundnahrungsmittel darstellte. In Çatal Hüyük sind Kulturäpfel bereits für 6500 v. Chr. nachgewiesen. In den alten Hochkulturen wurde der Obstbau, wie schon bei den Sumerern, großflächig auf Plantagen betrieben; in Kleinasien ist in antiken Texten von ganzen «Wäldern» von Apfel-, Birn-, Kirsch- und Nußbäumen die Rede.

Die Obstkultur breitete sich rasch nach Westen aus und erlebte eine besondere Blüte unter den Römern. Im ersten Jahrhundert v. Chr. waren dank weiterentwickelter Pfropf- und Veredelungsverfahren allein 36 Apfelsorten bekannt. Man genoß die Früchte zur Reifezeit frisch und roh, nur selten in gekochtem Zustand. Von Rom aus gelangte der Obstbau auch in die westlichen Provinzen des Reiches. Das Wort «Kirsche» weist noch auf Ursprung und Weg der Frucht bis ins rauhe Germanien hin: Es leitet sich ab von lateinisch *cerasus*, einer Übernahme des griechischen *kerasós*, das auf das akkadische *karshu* zurückgeht!

Jenseits des Limes jedoch, im waldreichen, ehemals «freien Germanien», lebten die Menschen noch bis ins Hochmittelalter hinein überwiegend von Wildobst. Selbst in den Städten, die damals zu 90 Prozent *unter* 2000 Einwohner besaßen, belief sich das Verhältnis von gesammeltem zu Kulturobst auf 10:1. Die alte römische Obstbautradition wurde indes in den Klöstern weiter gepflegt. Allerdings genoß man nunmehr die Früchte nur selten frisch, weil man den Rohverzehr für ungesund hielt.

Fast zeitgleich mit dem Bodenbau kam auch die Haustierhaltung auf. Nach Ziege und Schaf wurden Schwein und Rind, unter dem Federvieh vor allem Hühner und Gänse domestiziert. Doch bis auf die Schweine schlachtete man die Tiere, damals wie in der Folgezeit allgemein, höchstens zu festlichen Anlässen. Zur Hauptsache dienten sie als Eier-, Woll- und Milchlieferanten. Denn Milch wie Molkereiprodukte spielten in der ländlichen Ernährung immer eine nicht unerhebliche Rolle. Buttermilch und Molke wurden getrunken, Käse, schon in den alten Mittelmeerländern in großer Vielfalt hergestellt, entweder frisch genossen oder durch Zusätze von Mehl, Obstsäften und Gewürzen (z. B. Knoblauch) zu den verschiedensten Breispeisen verrührt, die man zusammen mit Brot aß, wie noch heute etwa in Ägypten und Nordafrika.

Den Fleischbedarf deckte man nach wie vor in der Hauptsache durch die Jagd, solange sie jedenfalls nicht, wie in Europa ab dem Mittelalter, dem Adel vorbehalten blieb. Besondere Bedeutung kam dabei weniger dem Großwild als vielmehr, abgesehen vom Fischfang, den kleineren Wildtieren wie Vögeln, Hasen, Kaninchen, selbst Haselmäusen und an den Küsten den Schalen- und Krustentieren zu. Die Römer hielten Kaninchen auch schon in Gehegen und mästeten sie fachgerecht mit Walnüssen, Eicheln und Kastanien. Auch Austern wurden von ihnen – möglicherweise aber auch von den Chinesen schon – erstmals gezüchtet. Der Hund, das älteste Haustier des Menschen, kam nicht nur, wie noch heute, bei Völkern Südostasiens auf die Tafel. Auch Griechen und Römer schätzten sein Fleisch. Der ehrwürdige Arzt Hippokrates (ca. 460–370 v. Chr.) pries es als ebenso bekömmliche und leichtverdauliche wie gesunde Kost. In römischen Küchen wurde es wie Hasenfleisch angerichtet.

Allgemein hielt sich der Fleischgenuß aber, auch bei Wohlhabenden, in deutlichen Grenzen. Geradezu mythische Ausmaße nahm er indes, sehr zum Staunen ihrer mediterranen Nachbarn, bei den frühmittelalterlichen Germanen der höheren Stände an. Wie bei den homerischen und indogermanischen Sagenhelden generell trug es zu Ansehen bei und galt als Zeichen besonderer Stärke, Kampfkraft und Macht, so viel rohen Speck und Fleisch als möglich auf einmal essen zu können. Umgekehrt konnte sein Entzug als Mittel der Demütigung und Strafe verhängt werden. Fränkische Kapitularien setzen das Niederlegen der Waffen mit dem Verbot des Fleischverzehrs gleich. Mit beidem konnte vom Kaiser zum Beispiel die Ermordung eines Bischofs geahndet werden.

Entscheidend für die Ernährung namentlich der weniger wohlhabenden breiteren Bevölkerungsschichten blieben indes die Hauptanbaufrüchte, wechselnd je nach Region, Klima und Kultur. In der Beziehung waren die Menschen seit dem Übergang zu Bodenbau und Seßhaftigkeit deutlich abhängiger von ihrer Umwelt geworden. Während Sammlerinnen- und Jägergesellschaften im Krisenfall den Standort wechseln und andere Nahrungsquellen ausschöpfen konnten, blieben Pflanzer und Bauern auf Gedeih und Verderb an die «Scholle» gebunden. Traten Dürren, Unwetter, Pflanzenkrankheiten, Schädlingsbefall oder Viehseuchen auf, stand gleich ihre Existenzfähigkeit auf dem Spiel. Doch bot die seßhafte Lebensweise auch gute Ausgleichsmöglichkeiten. Die Ortsfestigkeit gestattete den Menschen, in solideren und geräumigeren Behausungen zu leben, die Raum für mehr materielle Besitztümer boten, entsprechend den Anforderungen der komplexeren Ökonomie, die zu veränderten Produktions- und Verarbeitungstechnologien, das heißt einem differenzierteren Werkzeug- und Geräteinventar geführt hatten. Trockene Böden konnten durch kunstvolle Kanalsysteme bewässert, weniger ertragsfähige durch Grün- und Mistdüngung amelioriert, Ernteausfälle durch gezielte Vorratshaltung ausgeglichen werden.

Zu letzterem bildeten wiederum entwickeltere Konservierungsverfahren die Voraussetzung. Die reifen Samen von Linsen, Erbsen, Bohnen und anderen Leguminosen sind ihres hohen Feuchtigkeitsgehalts wegen leicht verderblich; luftgetrocknet oder an der Sonne gedörrt, sind sie dagegen nahezu unbegrenzt haltbar. Ebenso verfuhr man mit Blättern, Gewür-

Traditioneller Maisspeicher bei Villablino, Nordwestspanien. Mit dem Aufkommen des Bodenbaus blieben die Menschen an ihre Scholle gebunden. Nahrungsengpässen konnte man nicht mehr, wie in Sammlerinnen- und Jägerkulturen, durch Ausweichen in andere Gebiete begegnen, da man dann seine Felder hätte aufgeben und bis zur nächsten Ernte warten müssen – sofern Freiräume überhaupt zur Verfügung standen. Die Bevorratung der Grundnahrungsmittel wurde zur Überlebensfrage. Alle traditionellen Agrarkulturen kennen daher Vorratseinrichtungen. Der Speichertyp auf dem Bild war bis ins 20. Jahrhundert in weiten Teilen des Nordwestens der Iberischen Halbinsel in Gebrauch und ist heute noch im portugiesischen Nationalpark Peneda Gerês zu sehen. Die lattenrostartigen Seitenwände sorgten für freien Luftdurchzug, die erhöhte Stellung schützte vor Bodenfeuchtigkeit; beides hielt das Getreide trocken.

zen und Früchten. Getreideüberschüsse, Nüsse und andere von Natur aus haltbarere Nahrungsmittel ließen sich in entsprechend ausgekleideten Gruben, in Speichern oder großen Tonkrügen aufbewahren, die das Vorratsgut trockenhielten und Schutz vor Ameisen, Mäusen und Ratten boten. Fleisch schnitt man, wie seit alters schon, in Streifen, dörrte und räucherte es über dem Feuer oder pökelte es, wo hinreichend Salz zur Verfügung stand, ein. Größere Probleme stellten sich in Regionen, in denen die Menschen zur Hauptsache von leichter verderblichen, stark flüssigkeitshaltigen Anbaufrüchten lebten. Bei den Indianern des peruanischen und bolivianischen Andenhochplateaus traf dies auf die Kartoffel zu. Um sie vor allem für die Wintermonate genußtauglich zu erhalten, setzte man sie zunächst über Nacht strengem Frost aus, trat tags darauf dann mit den Füßen die Flüssigkeit heraus, ließ die Masse vier bis fünf Tage in Wind und Sonne liegen, um sie zuletzt zu Mehl zu zerreiben, das tatsächlich jahrelang haltbar blieb. Ähnliche Dehydrierungsverfahren wurden – insbesondere in Südamerika und Ozeanien – auch bei Maniok, Brotfrucht, Batate («Süßkartoffel») oder Yams angewandt, die man teils gleichfalls zu Mehl verarbeitete – nicht nur, aber auch zu Konservierungszwecken. Gifthaltige Knollenpflanzen wie Maniok zerschnitt und wässerte man dabei zuerst, um so die toxischen Stoffe – hier Cyanide (Blausäure) – auszuschlämmen.

Leichter hatten es die Bevölkerungen der gemäßigten Breiten, deren Ernährung zur Hauptsache auf dem Anbau von Zerealien beruhte. Wohl nicht von ungefähr entwickelten sich *alle* Archaischen Hochkulturen auf Getreidebaubasis – handle es sich dabei um Gerste und Weizen (Vorderasien), Hirsen (Indien, China, Südarabien), Reis (Südostasien) oder grobkörnige Gräser und Mais (Mesoamerika, Anden). Schon für die ältesten städtischen Siedlungsanlagen, wie Jericho in Westjordanien (Ende des 6. Jahrtausends v. Chr.), waren große Speicheranlagen charakteristisch.

Mehl, ob aus Getreiden, Grasarten wie in Deutschland dem Schwaden (*Glyceria fluitans*), Linsen, Bohnen und Erbsen, tropischen Knollenpflanzen, den Früchten des Schraubenbaums (*Pandanus*, Ozeanien), den getrockneten Blüten des Mahua-Baums (*Bassia latifolia*, Indien), Aprikosen (Hunza, Nordpakistan) oder der Eßkastanie, wie im europäischen

Mittelalter (italienisch *albero del pane*, «Baum des Brotes»), gewonnen, bildete nahezu überall mit den wichtigsten Grundstoff der Ernährung in Agrargesellschaften. Man rührte daraus Breie und Grützen an, versetzt mit den verschiedensten, saisonbedingten Zutaten, dickte damit Wasser, Milch und Säfte ein und verbuk es zu Pfannkuchen, Polenta, Brot und Kuchen. In Nord- und Mittelamerika bildete die «Mais-Bohnen-Kürbis-Triade» den Grundstock der Nahrung schlechthin; in den Mittelmeerländern spielten im Alten Ägypten und Vorderasien eine analoge Rolle Kombinationen aus Brot, Zwiebeln und Datteln, im Westen, neben Fisch, Gerichte aus Brei, Brot, Gemüse, Käse und Oliven, in Europa anfangs Eintöpfe aus Getreidebreien, Hülsenfrüchten und anderen Gemüsen, teils mit etwas Fleisch oder Speck «gewürzt», wozu man Brot (oder Polenta) aß. Später im Hochmittelalter stellte dieses selbst, sowohl als Vollkorn- wie als Mehlbrot, die Hauptkost dar, zu der man alles andere gerade Verfügbare als Zutat (*companatico*) genoß. In den Ländern rings um das Mittelmeer, vom Jemen bis Nordafrika, gilt noch heute eine Mahlzeit *ohne* Brot als unvollständig.

Brot war die aus Mehl und anderen pflanzlichen Stoffen komprimierte, gewissermaßen zu «Quasi-Fleisch» gehärtete sättigende *Festkost* zu Breien, Gemüseeintöpfen und Salaten. Überall kannte man sowohl Fladen- als auch Laibformen, teils auf die vielfältigste Weise durch ein- oder aufgebackene Zusätze variiert. Allein im alten Griechenland soll es über 70 Arten gegeben haben, je nach den Mehlsorten und Zutaten an Fett, Nüssen, Früchten, Gewürzen usw.

Je erlesener die Zusammensetzung, desto höher der Preis. Brot bildete, ganz wie die Menge und Qualität des gegessenen Fleischs, ein soziales Differenzierungs- und Statuskriterium. Im indischen Altertum mußten sich die unteren Bevölkerungsschichten mit Hirsebrot begnügen; Weizenbrot blieb allein den höherrangigen vorbehalten. Eine analoge Scheidung herrschte von der Römerzeit bis ins 18. Jahrhundert im westlichen Schwarzmeergebiet bei Dakern und Nachbarn, später Rumänen. Im europäischen Mittelalter aßen die einfachen Bauern «Schwarzbrot» aus Roggen (den die Römer nur in Hungerzeiten verwandten) oder anderen «dunklen» Getreiden, während sich Weizen- beziehungsweise «Weißbrot» nur wohlhabende Adlige und Städter leisten konnten (und durften).

Weitab, in der noch nicht «entdeckten» Neuen Welt, bildete Maniokfladenbrot bei den Bevölkerungen Amazoniens einen festen Bestandteil der alltäglichen Kost, Bohnenbrot eine bevorzugte Speise der Indianer im Südosten Nordamerikas, wie bei den Cherokee teils noch heute.

Die im Rückblick so vielgepriesene «Erfindung» der Agrikultur war *de facto* mit erheblichen Mängeln belastet. Die anbaubedingte Seßhaftigkeit setzte die Menschen, wie schon gesagt, stärker den Risiken von Dürren, Frost, Unwettern, Schädlingsbefall und anderen Unbilden aus. Der Trend zu Monokulturen engte die Variationsbreite der Ernährung ein. Bei manchen Völkern war zudem der Verzehr von Fisch, Geflügel und Eiern, sei es für einige oder alle, tabuisiert; andere verschmähten die Milch, weil sie ihnen als eine Art Exkret galt oder aus Gründen der Milchunverträglichkeit, wie in Teilen Südostasiens vor allem. Die überwiegende Pflanzenkost versorgte die Menschen zwar ausreichend mit Kohlenhydraten, schränkte indes auf der anderen Seite die Zufuhr an wichtigerem tierischen Eiweiß empfindlich ein. Der Energiebedarf war damit bestenfalls quantitativ, nicht jedoch qualitativ gedeckt. Durch Kochen, langes Lagern und vor allem Dörren von Obst, Wurzeln, Blättern und Knollen an der Sonne gingen wichtige Vitamine, vor allem ihr Gehalt an Vitamin C, verloren, was eine Beeinträchtigung der Aufbau- und Abwehrkräfte des Körpers zur Folge hat. Pflanzliches Eiweiß ist überdies in Maniok, Yams, Taro, Batate, Kochbanane und anderen tropischen Anbaufrüchten nur wenig, geringer jedenfalls als in Getreiden enthalten. Bei Weizen entspricht sein Wert an 1000 Kalorien pro Gramm 35, bei Hirse 29, bei Mais 26, bei Reis 20, bei Maniokmehl dagegen lediglich 4,4, bei der Kochbanane 10,7 und bei der Süßkartoffel 11,3. Hülsenfrüchte erreichen zwar deutlich höhere Werte von 70 bis 90, werden jedoch nicht überall und zumeist nur als Zukost verzehrt.

In der Folge davon litten traditionelle Pflanzervölker durchweg an Eiweißunterernährung. Typische Folgen waren mangelnde Antikörperbildung, das heißt eine verminderte Widerstandskraft zur Abwehr von Infektionen, Anämie, Probleme bei der Wundheilung und Muttermilchbildung. Die Menschen besaßen weniger Kraft und Durchhaltevermögen. Mißernten oder andere Katastrophen konnten ihnen daher rasch zum Verhängnis werden. Besonders bedrohlich war die Situation für Kinder: Fehl- oder Mangelernährung beeinträchtigt ebenso wie die körperliche auch die geistige Entwicklung – mit bleibenden Folgen.

Die Jagd glich die Defizite nur stellenweise aus; zum einen fehlte die Zeit dazu, zum andern ging der Wildbestand – mit dem Wald – im Umfeld der Anbaugebiete zurück. Zur Haustierhaltung bestanden optimale Bedingungen allein in gemäßigten Breiten, wo die Ernährung aufgrund des Zerealienbaus an sich schon höherwertiger war. In den Tropen dagegen werden, wenn überhaupt, neben ein wenig Geflügel lediglich Ziegen und Schweine gehalten, die man aber, wie erwähnt, nur zu besonderen Anlässen schlachtet. Immerhin blieb der nicht zu unterschätzende Insektenverzehr – ergänzt vielerorts durch Geophagie: den Genuß bestimmter, oft toniger, beziehungsweise fett- und salzhaltiger Erden. Man aß sie pur oder verbuk sie zu Kugeln, die man dann zu Pulver verrieb und anderen Nahrungsmitteln zusetzte. Der Usus war weit verbreitet, auch in den alten Hochkulturen von China über Indien bis nach Griechenland. Analysen ergaben, daß die Erden – neben oft nicht ungefährlichen toxischen Stoffen, die etwa zu Darmleiden und Anämie führen können – häufig reich an wichtigen Mineralien und Spurenelementen sind.

Auch die Getränke konnten den Fehlbestand an wichtigen Nährstoffen nur bedingtermaßen ausgleichen. Milch und ihre Verarbeitungsprodukte, immerhin kalorienhaltiger als selbst Zerealien, wurden in nennenswertem Maß allein in Bauernkulturen genutzt, dabei allerdings weniger getrunken, und wenn, dann meist als Molke, Sauer- und Dickmilch. Anders war es lediglich bei hirtennomadischen Völkern, die gleich den Bauern seit alters im Einflußbereich der Hochkulturen lebten und bei denen Ziegen-, Schaf-, Esels-, Kuh-, Kamel-, Büffel-, Yak-, Stuten- und selbst Renmilch samt Joghurt, Quark und Käse fast eine Art Grundnahrungsmittel bildete. Bei den – kamelhaltenden – Somali zum Beispiel beträgt die Tagesration zwischen fünf und zehn Litern. Manchmal regelmäßig, wie bei Rinderhirten Ostafrikas, sonst jedoch mehr in Notzeiten oder auf Reisen ergänzte man sie durch das Blut der Tiere, das man der Halsvene entnahm. Männlichen Rindern wurden dabei bis zu fünf, Kühen bis zu drei Litern abgezapft. Fleisch gönnten sich auch Nomaden nur zu festlichen Anlässen.

Das Regelgetränk bildete seit alters Wasser. Man trank es zum Essen wie zwischendurch. Je nach Verfügbarkeit wurden ergänzend Fruchtsäfte, in weiten Teilen Asiens nach Tisch regelmäßig Tee getrunken. In traditionellen Kulturen zählten zu den Standardgetränken auch Bier und Wein (Traubenwein nur im Mittelmeerraum, etwa ab dem 3. Jahrtausend v. Chr.), ergänzend je nach Angebot Obstweine aus vergorenen Anbau- und Wildfrüchten. Die Rohstoffe bildeten stärke- und zuckerhaltige Materialien, beim Bier in der Hauptsache Hirse, Gerste, Weizen, Reis, Mais, Maniok und andere Wurzel- und Knollenfrüchte, beim Wein in Tropen und Subtropen vor allem Palmenfrüchte, in Mittel- und Nordeuropa, teils auch in Randbereichen des Mittelmeerraums sowie im Hindukusch Honig – der Met der Germanen.

Der Herstellungsprozeß war nicht unkompliziert. Er erforderte viel Erfahrung und erfolgte in mehreren Schritten. Beim afrikanischen Hirsebier wurden, verkürzt dargestellt, die Körner zunächst in Wasser gelegt, dann herausgenommen und längere Zeit feucht gehalten, darauf getrocknet, geschrotet, schließlich in Wasser zur Maische aufbereitet, die man köcheln ließ, bis der Gärungsprozeß abgeschlossen war. Gewöhnlich setzte man Speichel und etwas Honig zur Beschleunigung der Fermentierung und verschiedene Würzstoffe zu. Das Ganze konnte je nach Ausgangsmaterial von mehreren Stunden bis zu einigen Tagen in Anspruch nehmen. Oft beließ man es auch nur bei einer leichten Angärung. Das Ergebnis bildete zumeist eine dickflüssige bis breiartige Masse von geringem Alkoholgehalt. Für Çatal Hüyük in Anatolien sind Bier- und Weingenuß bereits für das 7. Jahrtausend v. Chr. nachgewiesen. Wein wurde jedoch noch nicht aus Trauben, sondern anderen Früchten, namentlich Sadar, der Frucht des Zürgelbaumes *(Celtis australis)*, hergestellt. Die Sumerer kannten rund 3000 Jahre später immerhin schon 19 verschiedene Arten von Bier.

Das Brauen fiel in traditionellen Gesellschaften gewöhnlich den Frauen zu (die das Bier daher auch auf dem Markt verkaufen durften). Bier und Wein wurden täglich sowohl auf dem Feld wie zu den Mahlzeiten und abends, nach getaner Arbeit, in geselligen Runden, besonders aber während der Feste getrunken. Beides erfrischte nicht nur, sondern ergänzte, ja ersetzte teils auch die feste Nahrung. Bei den Bemba in Sambia wurde an Tagen, an denen man viel Bier zu sich nahm, sonst kaum noch etwas gegessen. In afrikanischen Gesellschaften wird es überwiegend aus Hirse, namentlich Sorghum («Mohrenhirse»), gebraut und enthält unter anderem etliche B-Vitamine und bedeutende Mineralien, insgesamt also einen hohen Nährwertgehalt. Die Jibaro in Ecuador gaben dem Bier – hier Maniokbier – überhaupt den Vorzug vor fester Nahrung. Männer tranken davon pro Tag bis zu 15 (!), Frauen bis zu 8, Kinder ab etwa sieben Jahren bis zu 2 Litern. Auch Palmwein wurde generell eine stark sättigende Wirkung zugesprochen. Heiß getrunken soll er, wie man in Nigeria glaubt, auch der Milchbildung stillender Mütter förderlich sein. Da sein Gewinn jedoch die Palmen schädigt, wurden Herstellung und Genuß – zumal in islamischen Ländern – zunehmend verboten.

Auch in Europa war Bier – neben Met – offensichtlich schon seit alters ein gängiges Volksgetränk, das jeder Bauer aus eigenen Mitteln herstellen konnte. Noch um 1550 berichten Quellen, daß die ländliche Bevölkerung mehr vom Bier als «richtigem Essen» gelebt habe. Man betrachtete es gleichsam als verflüssigtes Brot, das schon mal als Zwischenmahlzeit dienen konnte und bedenkenlos selbst Säuglingen verabreicht wurde. Allerdings durfte rechtens nur brauen, wer dazu von der Obrigkeit autorisiert war. Nach Mißernten und zu Teuerungszeiten wurde die Genehmigung häufig zurückgezogen, um Engpässen bei der Versorgung der Bevölkerung mit Mehl und Brot entgegenzuwirken. Schon früh scheint der Biergenuß gerade für die Deutschen besonders typisch gewesen zu sein. Ein gängiger Fünfzeiler aus dem 16. Jahrhundert charakterisiert die Völker Zentraleuropas: «Wenn der Däne verliert die Grütze, der Franzmann den Wein, der Schwabe die Suppe und der Deutsche das Bier, so sind verloren alle vier!»

Wein dagegen kam erst mit den Römern nach Mitteleuropa. Zeitweise scheint auch er für viele nicht unerschwinglich gewesen zu sein. In den Märchen der Brüder Grimm überbringt *Rotkäppchen* auf Geheiß seiner Mutter der Großmutter sowohl Kuchen als auch «eine Flasche Wein», in *Tischlein deck dich* «leuchtet» auf der Tafel neben «Schüsseln mit Gesottenem und Gebratenem» auch «ein großes Glas mit rotem Wein»; in Grimmelshausens *Simplicius Simplicissimus* traktieren die «Fourierschützen», die gekommen sind, den armen Helden gewaltsam für den Kriegsdienst zu gewinnen, diesen gleich kübelweise mit Malvasier und spanischem Wein (Buch II, Kap. 5).

Zubereitung von Hirsebier, Burkina Faso, Westsudan. In prämodernen Agrarkulturen wurde aus nahezu allen Hauptanbaufrüchten, namentlich aber aus Hirse, Gerste, Reis, Mais und Maniok, «Bier» gebraut. Das war gewöhnlich Aufgabe der Frauen. Vorbereitend weichte man die Körner oder Wurzelknollen ein, ließ sie dann lange Zeit kochen und versetzte sie zur Beschleunigung der Fermentierung mit Speichel und etwas Honig. Das Bier diente sowohl zur Ernährung («flüssiges Brot») als auch zum abendlichen Umtrunk in kleineren familiären oder größeren dörflichen, vor allem Altherren-Runden.

Überwiegend jedoch blieb Wein schon aus Kostengründen dem gehobenen Bedarf vorbehalten. Mehr noch als dem Bier schrieb man ihm vor allem auch therapeutische Eigenschaften zu – Rotkäppchens Mutter schickt die Tochter mit der Begründung auf den Weg, Großmutter sei «krank und schwach». Beider Pflege nahmen sich dann ab dem frühen Mittelalter besonders die Mönche an. Da sie ihren Erzeugnissen jedoch selbst gerne und ausgiebig zusprachen, sah sich die geistliche Obrigkeit genötigt, den Genuß ab dem 9. Jahrhundert drastisch einzuschränken und die Tagesrationen genau vorzuschreiben.

Ursprünglich handelte es sich beim Bier um die althergebrachte dunkle und dickflüssige Art. Erst allmählich begann man, ihm aus Haltbarkeitsgründen verschiedene «Bierwürzen» zuzusetzen, darunter auch Hopfen, in Norddeutschland bevorzugt Gagel (*Myrica*, weidenähnliche Sträucher und Bäume mit Steinfrüchten), dessen Verwendung indes 1723 endgültig verboten wurde, da sich herausgestellt hatte, daß Gagelbier zur Erblindung, ja zum Tod führen konnte. Mit dem Hopfen gewann das Bier die uns heute vertraute Klarheit. Allerdings braute man im Mittelalter durch Zusetzen zahlreicher Geschmacksstoffe noch eine erheblich größere Vielfalt an Bieren. Ihre Beliebtheit drängte schließlich den Metgenuß mehr und mehr zurück, zumal die immer begrenzte Honiggewinnung den mit der Verstädterung wachsenden Bedarf nicht mehr zu decken vermochte. Zuletzt wurde Met allein noch an höfischen Tafeln gereicht.

Ein Problem blieb die geringe Haltbarkeit der Biere. Schon deshalb suchten selbst Städter sich eigene Hausbraurechte zu sichern oder betrieben gemeinsam mit anderen kommunale Brauhäuser. Auch Professoren – in Erlangen zum Beispiel – beteiligten sich daran; allerdings ging es ihnen dabei nicht nur um den eigenen Durst: Sie schenkten auch an ihre Studenten aus und besserten damit ihr schmales Salär auf. Im Grunde konnte man Bier nur trinken, wo es gebraut wurde; die Verbindung «Brauerei und Gastwirtschaft» erinnert noch heute daran. Das änderte sich entscheidend erst im 19. Jahrhundert mit der Erfindung der Kühlmaschine durch Carl von Linde (1842–1934) im Jahr 1876 und den Ausbau des Eisenbahnnetzes. Nunmehr konnte Bier rasch und ohne Qualitätsverlust über weite Strekken transportiert und haltbarer eingelagert werden. Erst damit begann, auf Kosten der zahllosen kleinen Lokalbraustätten, der Aufstieg der überregionalen Großbrauereien.

Wie in der Regel noch heute wurde auch früher, soweit schriftliche Zeugnisse einen Rückblick gestatten, dreimal am Tag gegessen. Das deutsche Wort «Mahl» geht auf das gemeingermanische, später auch althochdeutsche *māl* (vgl. englisch *meal*, schwedisch *mål* usw.), dieses wiederum auf die indogermanische Wurzel **mē[d]*-, «wandern», «abschreiten», «messen», zurück und bedeutete ursprünglich «festgesetzte Zeit», «Zeitpunkt». «Mahlzeiten» teilten den Tagesablauf ein. Man frühstückte, oft noch vor Sonnenaufgang, eine Kleinigkeit, bevor man aufs Feld ging, im ländlichen Vorderasien zum Beispiel etwas Brot mit Sauermilch; sonst häufig die Reste von der Abendmahlzeit des Vortags. Während der Mittagspause nahm man – daheim oder draußen – ebenfalls nur wenig, etwa ein «Picknick» aus Pflanzenschnitzeln, geröstetem Mais, Dörrfleisch, Obst usw. ein. Die eigentliche Hauptmahlzeit, bei der auch Gekochtes aufgetragen wurde, fand dann nach Abschluß der Feld- und Tagesarbeit entweder noch am Nachmittag, meist jedoch erst nach Sonnenuntergang am Abend statt, wenn alle Familienmitglieder heimgekehrt und wieder beisammen waren.

In ländlichen Bereichen bestanden alle Mahlzeiten gewöhnlich nur aus *einem* Gang, zu dem man freilich, soweit verfügbar, verschiedene Arten von Zukost aß: Zwiebeln, Oliven, Käse, Hartgemüse und vor allem Brot. Zwischendurch stärkten sich Erwachsene, mehr noch Kinder durch allerlei «Snacks» – Käfer, Larven, Heuschrecken, Wildobst oder Nüsse, wie man sie in der Umgebung auflesen oder abpflücken konnte. Gemeinhin herrschte, jedenfalls in traditionellen Kulturen, die Auffassung, daß *eine* solide Mahlzeit am Tag ausreiche, einen Menschen gesund und bei Kräften zu halten.

4. Volksküche

Das tägliche Brot bei Arm und Reich

Das mag uns als karge Kost erscheinen, ist jedoch allen, die noch Märchen gehört und gelesen haben, auch aus der heimischen Vergangenheit vertraut. Zwar ist da von den reich besetzten Tafeln der Betuchten, Fürsten und Könige die Rede, häufiger jedoch, und in bedachtem Kontrast dazu, von der notorischen Nahrungsnot, die in den Hütten der Bauern und Tagelöhner herrschte. Wie ein blaßroter Faden durchzieht die Erzählungen das Motiv vom nur selten gefüllten Topf Brei, dessen letzte Reste mit dem Finger säuberlich herausgestrichen werden, oder der harten Brotkruste, an der man so lange wie möglich kaut.

Dabei ist nur wenigen bewußt, daß selbst diese bescheidenen Tafelfreuden alles andere als selbstverständlich sind, sondern kulturgeschichtlich verhältnismäßig junge Errungenschaften darstellen. Zwar war die Feuernutzung bereits den ersten «echten» Menschen, den «Archanthropinen» aus dem Formenkreis des *Homo erectus,* seit gut 150 000 v. Chr. bekannt, doch ließ sich die Nahrung damit, wie schon erwähnt wurde, lediglich rösten, grillen, dörren und räuchern. Zum Kochen hätte es *feuerfester* Gefäße bedurft; die aber standen erst nach der Entdeckung der Töpferei um 8000 v. Chr. in Altvorderasien zur Verfügung. Und Brotbacken, jedenfalls in größerem Umfang, setzte den Bodenbau voraus.

Ansätze zu beidem gab es freilich schon früher. Wasser wurde vielfach noch in neuerer Zeit mit heißen Steinen in

Holzgefäßen erhitzt. Jäger wickelten Wildfleisch zum Dünsten und Schmoren, wie rezent noch in Sibirien, zusammen mit glühenden Steinen in das Fell des erlegten Tieres ein. Als altehrwürdiges Ahnenerbe wandte man das Verfahren gelegentlich noch später zu kultischen Anlässen an. Die Baktaman in Neuguinea bereiteten so zum Beispiel mit altüberkommenen *«sacred cooking stones»* Menschenfleisch zu. Weit verbreitet war auch die analoge Methode, Wurzel- und Knollengemüse, mit Blät-

Brotbacken in Backgrube, Hazara, Ortschaft Paghman nahe Kabul, Afghanistan. Brot wird seit alters und vielfach auch heute noch in ländlichen Bereichen des Mittelmeerraumes, des Nahen und Mittleren Ostens und der angrenzenden Gebiete bevorzugt in krugförmigen Gruben mit glattgestrichenen, vom Feuer gehärteten Wänden gebakken. Man erhitzt sie dazu, entfernt dann das Feuerungsmaterial und drückt den Teig in dünneren oder dickeren runden Fladen an die obere Innenwand. Sobald sie zartbraun und knusprig sind, werden sie abgenommen oder fallen von selbst ab. Gleich Pfannkuchen sollten sie noch heiß gegessen werden. Kalt verlieren sie rasch an Geschmack und dienen dann meist als Zukost zur Mahlzeit oder werden als «Löffel» benutzt.

tern umwickelt und umpackt von heißen Steinen, in Erdgruben zu legen und oben mit Grünzeug und Erde abzudecken. Nach demselben Prinzip wurde in Sammlerkulturen in bescheidenerem Umfang auch bereits Brot gebacken. Dazu zerrieb man die Körner von Wildgetreiden auf Mahlsteinen beziehungsweise in hölzernen oder steinernen Reibschalen, versetzte das geschrotete Mahlgut mit etwas Wasser und knetete einen festen Teig daraus, den man dann entweder auf heißen Steinen buk oder an die Innenwände mit Feuer erhitzter Gruben klatschte und so das noch heute in islamischen Mittelmeerländern weithin übliche Fladenbrot gewann. Backöfen kamen erst in den Archaischen Hochkulturen auf.

Eine wahre Revolution der «Kochkunst», wenn man so sagen darf, löste dann die keramische Massenfertigung feuerfester Tongefäße aus. Denn nunmehr konnten nicht nur Speisen (und Soßen) gekocht, sondern auch Biere gebraut und alkoholische Getränke wie Nahrungsmittel – auch Öle, Dörrobst, Gewürze usw. – in größerem Umfang aufbewahrt werden. Wie seit alters schon blieb die Zubereitung von Speise und Trank Sache der Frauen und älteren Mädchen. Das erforderte neben Geschick und Einfallskraft eine ganze Reihe spezifischer Kenntnisse und vor allem viel harte Arbeit. Zunächst mußte ausreichend Brennmaterial beschafft, täglich Wasser geholt, dann das Gemüse zerschnitten oder im Mörser zerstampft, Getreide enthülst, geworfelt und mit der Handmühle zu Mehl vermahlen werden. Auch das Kochen selbst war nicht eben eine angenehme Beschäftigung. Die Frauen standen dazu unter Umständen mehrere Stunden am heißen und rauchigen Feuer, da die brodelnden Gerichte immer wieder umgerührt werden mußten. In wärmeren Ländern kochte man daher auch lieber im Freien, hinter oder vor dem Haus.

Praktisch weltweit bestand der Herd aus drei zusammengestellten großen Steinen, die dem – unten oft abgerundeten – Topf oder Kessel einen sicheren Halt boten. An Arbeitsutensilien standen den Frauen neben dem Feuertopf meist lediglich Reibschalen und Handmühlen, Mörser und Stößel, Messer, Spachtel zum Verstreichen und Stöcke, seltener Löffel zum Umrühren sowie alle möglichen Gefäße zum Aufbewahren von Nahrungsmitteln – Töpfe, Krüge, Kalebassen, Körbe, hölzerne Tröge und Kisten – zur Verfügung.

Frau und Herd bildeten so ein geschlossenes Verbundsystem, zwei Aspekte eines Bedeutungsganzen. Bei den Cherokee im Südosten Nordamerikas lautete die Bezeichnung für Frau denn auch schlichtweg *«one who cooks»*. Allerdings durchbrach eine gewichtige Ausnahme die Regel. Seit alters waren die Jagd und das Zerlegen der Tiere Sache der Männer. Fleischgerichte wurden daher auch später gewöhnlich – selbst noch bei den alten Griechen – allein von ihnen zubereitet. Da Fleisch meist nur zu besonderen, festlichen oder sakralen Anlässen aufgetischt wurde, das heißt häufig Bestandteil eines Opfers für Ahnen und Götter war, die zu bedienen vorrangig den Männern zukam, erfüllten diese im Grunde damit immer auch eine religiöse Pflicht. Frauen kochten für den alltäglichen, *profanen* Bedarf; taten es Männer, handelte es sich um einen *Sakralakt.* Auch heute binden sich Männer gelegentlich noch – oder wieder – die Schürze um, wenn besondere Gäste erwartet werden.

Von den geschilderten Voraussetzungen her konnte die Hauptmahlzeit der Familie nur aus Speisen bestehen, wie sie sich in dem einen Topf oder Kessel über dem Feuer zubereiten ließen. Nicht nur in den alten, auch in neuzeitlichen und namentlich ländlichen Gesellschaften aß man daher mindestens einmal täglich ein Brei- oder Eintopfgericht. Je nach den Gegebenheiten bildeten den Grundstoff dabei Knollenpflanzen wie Maniok, Yams, Batate und Taro, Zerealien wie Hirse, Reis, Gerste, Hafer und Mais oder Hülsenfrüchte und andere gerade erntereife Gemüse. Bekannt sind die Hirsebreie der Afrikaner, etwa der Kuskus Nordafrikas oder der nigerianische *Fufu.* Dazu läßt man das Mehl zunächst in Wasser weichen, dann über kleinem Feuer unter ständigem Umrühren eine Zeitlang köcheln und gibt immer wieder weiteres Mehl hinzu, bis die gewünschte Konsistenz erreicht ist. Der Brei wird gewöhnlich so dick, daß man ihn mit Finger oder Hand dem Topf entnehmen kann. Zur geschmacklichen Verfeinerung werden dazu, variierend nach dem saisonalen Angebot und entsprechend in wechselnden Kombinationen, Soßen aus den verschiedensten Baumblättern, Wildfrüchten, Erdnüssen, Fett und Gewürzen gereicht. Fulbe und Hausa, ebenfalls westsudanische Völker, formen den Brei zu kleinen Bällen und genießen ihn bevorzugt mit Sauermilch. Völker Neuguineas versetzen ihre Pflanzenfruchtbreie mit süßlichen Soßen aus verkochten Pandanuszapfen. Im Nahen Osten, wie im Jemen zum Beispiel, übergießt man den auch hier traditionellen Hirsebrei mit Soßen aus den Samen einer lokalen Wildgrasart und ißt Brot dazu. Im übrigen Mittelmeerraum handelt es sich – nachweislich schon seit neolithischer Zeit – zur Hauptsache um Gersten- und Weizengrützen. Die Zukost bilden wieder vor allem Brot, daneben Oliven und Zwiebeln. In wohlhabenderen Haushalten wurden – und werden auf dem Land nach wie vor – alternierend Gemüse-, speziell Bohnen- und Linseneintöpfe, unter Umständen mit Fleischeinlagen, aufgetischt. Dazu trank man Wein und aß abschließend Obst. Traditionellerweise kannte man jedoch weder Vor- noch Nachspeisen zum täglichen Hauptgericht. Und auch in Mitteleuropa ernährten sich Bauern wie Städter lange Zeit überwiegend von Getreide-, Ärmere von Hirsebreien und Eintöpfen aus Hülsenfrüchten, Kohl, Pastinak – einem möhrenähnlichen Wurzelgemüse – und Zwiebeln, denen jene, die es sich leisten konnten, Fleisch und Speck zusetzten. Dazu aß man Brot und trank, wie schon erwähnt, in der Hauptsache Bier. Zur Feldarbeit oder auf Reisen verköstigte man sich mit transportablem *haltbarem* Proviant, bestehend aus Wurzeln (z. B. Möhren), Kultur- oder Wildobst, getrockneten Linsen, Bohnen und Erbsen, Nüssen, harten Eiern, geräuchertem Speck, Käse, Zwiebeln und Oliven sowie Kalebassen oder Schläuchen mit Wasser, Bier und Wein.

Fett lieferten in den nördlichen Breiten Tran, Speck und Milchprodukte, sonst überwiegend Öle, gewonnen aus den verschiedensten Pflanzen und Blüten, in Europa in größerem Umfang aus Raps und Lein, vor allem aber aus Baumfrüchten wie Bucheckern, Nüssen und Obst-, etwa Aprikosenkernen.

Breigerichte und Eintöpfe mußten nicht allezeit gleich schmecken. Abgesehen von den zugesetzten Fetten wechselte ihr Geschmack mit den jahreszeitlich variierenden Zugaben von Wildgemüsen, Blättern und Früchten sowie vor allem den Soßen, die man dazu aß. Zudem wurden fast immer zur weiteren geschmacklichen Differenzierung auch spezielle, meist gesammelte, aber auch angebaute Würzkräuter verwandt – im Mittelmeerraum und Europa seit alters etwa Kümmel, Dill, Petersilie und Knoblauch, zu denen später mit dem einsetzenden Fernhandel Pfeffer, Nelken, Zimt, Muskat und Ingwer hinzukamen. Generell pflegte man etwa ab dem 13. Jahrhundert, zumindest in den Küchen der Wohlhabenderen, mehr und schärfer zu würzen als heute üblich. Die Römer kannten sogar bereits eine Art «Maggi»: das *garum* (oder auch *liquamen*), eine besonders pikante Würzflüssigkeit, die in großen Mengen in eigenen Betrieben (u. a. in Pompeji) hergestellt wurde. Dazu füllte man Gefäße von etw 30 Litern Fassungsvermögen schichtweise mit mehreren kleinen marinierten Fischen, Salz und getrockneten Kräutern – meist Mischungen aus Dill, Fenchel, Sellerie, Bohnenkraut, verschiedenen Minzen, Weinraute, Feldkümmel, Liebstöckel, Betonie, Koriander und Origanum – auf, ließ die Füllung zwanzig Tage lang in der Sonne stehen und fermentieren und rührte sie einmal täglich kräftig durch. Anschließend wurde sie gefiltert, oft zusätzlich noch mit Olivenöl und Wein, auch Honig und Pfeffer versetzt, in Töpfe gefüllt und verkauft. Bis ins frühe Mittelalter fand das Gewürz auch in Europa noch Verwendung.

Bei aller Einförmigkeit der «Volkskost» unterschied man gelegentlich doch immerhin zwischen Frühstück und Hauptgericht. Indianer der Ostküste Nordamerikas begannen den Tag zum Beispiel mit einer Suppe aus in der Nacht gefangenem und am Feuer gedörrtem Fisch, zu der sie Maisbrei aßen. Ägyptische Oasenbauern bevorzugen vor allem im Sommer zum Frühstück eine erfrischende Creme aus Weißkäseresten, Milch, Körnern und Limonensaft, die sie mit Salz und Knoblauch würzen und mit reichlich Brot essen.

Besondere Höhepunkte traditioneller Kochkunst bildeten alle Festlichkeiten. Allerdings wurde dabei nicht unbedingt raffinierter gekocht, sondern lediglich reichlicher, und vor allem wurde Fleisch aufgetischt sowie kräftig gezecht. Völker im näheren Einflußbereich von Hochkulturen kannten indes auch besondere Speisen für den gehobenen Anlaß, sei es für familiäre Geburts-, Initiations- und Hochzeitsfeiern oder kommunale Festlichkeiten etwa nach Abschluß der Erntearbeiten, an Neujahr und anläßlich der Amtseinführung eines neuen Dorfoberhaupts. Im Westsudan verfeinerte man dann den üblichen Brei zu einer Art Pudding aus fermentierter, verdünnter Hirsemehlpaste, der man so lange kochendes Wasser zusetzte, bis sie die gewohnte Konsistenz annahm. Darauf stellte man den Topf aufs Feuer und ließ die Masse unter ständigem Umrühren brodeln, bis sie zuletzt den weichen und glatten Puddingcharakter gewann. Daraus formte man dann Bällchen, die man mit Blättern umwickelte, abkühlen ließ und mit diversen Soßen genoß. In Deutschland kannte man im Spätmittelalter für bessere Gelegenheiten das sogenannte «Weißessen», ein Breigericht, das aus Reismehl, geriebenen Mandeln, Ziegenmilch, gehacktem Hühnerfleisch, Schmalz und Zucker bestand und sich alsbald einer derartigen Beliebtheit erfreute, daß es zwischen dem 13. und 15. Jahrhundert auch nach Frankreich (*Blancmanger*), Italien und Spanien gelangte, dort allerdings «verfeinert», das heißt zusätzlich mit Ingwer, Zimt, Nelken, Kardamom, Muskatnuß, Trauben, Safran und Zwiebeln versetzt, beziehungsweise gewürzt wurde. In Teilen Europas, wie zum Beispiel in Schweden, erhielt sich die Bedeutung der alten Breispeisen darin, daß sie später zum obligatorischen Bestandteil der Weihnachtsgerichte zählten, also zu *Sakralspeisen* aufgewertet waren.

Überhaupt lebten vorchristliche Festmahlzeiten vielfach im kirchlichen Brauchtum nach. Überall in Europa waren für Heiligabend, den ersten Weihnachtstag, Gründonnerstag, Karfreitag, Ostern und andere Kirchenfeste ganz bestimmte Speisen vorgeschrieben. An Heiligabend wurden – wie gewöhnlich auch an Karfreitag – bevorzugt Fischgerichte, in Schweden Stockfisch mit grünen Bohnen und Erbsen, aber auch Schweinskopf (offensichtlich ein altes heidnisches Erbe), an Gründonnerstag Kräutersuppen, Eier, in Schwaben Maultaschen (mit *Kräutern*, nicht etwa Fleisch gefüllt), an Ostern Lamm gegessen. Reiche Variationsmöglichkeiten boten auch Brot und Gebäck. Man würzte sie auf die verschiedenste Weise, garnierte die Fladen mit Fisch, Oliven und Zwiebeln (die Ursprungsformen der heute so beliebten Pizza!), setzte dem noch teigförmigen oder gebackenen Brotlaib diverse Füllungen zu, süßte das Brot mit Honig oder buk ihm Früchte ein, so daß Kuchen und Torten entstanden, und gab ihm häufig eine bestimmte, der Festlichkeit angemessene Form. Auch solche «Gebildbrote» leben im Speisebrauchtum kirchlicher Feste noch vielfach fort.

Auffallend ist, daß bei Festspeisen, vor allem zu Hochzeiten, an Weihnachten und Neujahr, *Süßigkeiten*, wie zum Beispiel alle möglichen Formen von Honig- und Zuckergebäck, eine besondere Rolle spielen. In islamischen Mittelmeerländern werden zu festlichen Anlässen beispielsweise dünne, mit Honig und eingebackenen Früchten gesüßte Pfannkuchen als typische Zugerichte gereicht. Auf Belau, einer Insel der Palau-Gruppe im westlichen Mikronesien, pflegt man auch bei der Amtseinsetzung eines neuen Dorfoberhaupts den Besuchern eine – extrem teure – Süßspeise aus gestampften tropischen Mandeln vorzusetzen.

Der Grund war zweierlei Art: In allen Fällen handelte es sich um *bedeutsame Wendezeiten*, womit sich die Vorstellung verband, daß alles, was man während dieser Interimsphase tat, einen entsprechenden *magisch bindenden* Einfluß auf den neu anbrechenden Zeitabschnitt nahm. Süßstoffe aber waren in traditionellen und auch prämodernen Hochkulturen noch *sehr selten*. Abgesehen von einigen Früchten bildete seit alters nur Honig den üblichen Süßstoff, der aber immer nur in verhältnismäßig geringen Mengen zur Verfügung stand. Lediglich in den antiken Hochkulturen verwendete man daneben noch eingekochten Wein, Rosinen, Datteln und Feigen. Rohrzucker wurde erst im 7. Jahrhundert n. Chr. aus Indien nach Vorderasien importiert. Im 10. Jahrhundert führten die Araber den Zuckerrohranbau dann auf Sizilien ein. Wenig später wurde der neue Süßstoff durch die Kreuzzüge auch in Europa bekannt, blieb allerdings lange ein Luxusgut, das sich nur wenige leisten konnten. Frühestens ab dem 18. Jahrhundert kam er allgemeiner in Gebrauch. Aus Rüben wurde Zucker erst in der späten Neuzeit gewonnen, um schließlich im 19. Jahrhundert zu einer radikalen Verbilligung des einstigen Genußmittels hochherrschaftlicher Küchen zu führen. Heute stellt Zucker nichts Besonderes mehr dar; in Gaststätten wird er inzwischen gar umsonst angeboten – eine Vergünstigung, die in Anspruch zu nehmen vielen schon wieder Bedenken macht, weil sie um ihre «Linie» oder Zähne fürchten.

Was aber Seltenheitswert besaß, wurde immer für besonders krafthaltig, das heißt für *segenspendend* gehalten. Mit dem Genuß von Süßigkeiten – wie man sie nicht von ungefähr bei uns noch an Weihnachten und zu Geburtstagen vor allem Kindern schenkt – hoffte man so, einen gleichsam «versüßenden», *glückbringenden* Einfluß auf die unmittelbar bevorstehende Lebens- und Zeitphase ausüben zu können. Noch heute werden in weiten Teilen der Welt zu Hochzeits-, aber auch Beisetzungsfeierlichkeiten Berge von Kuchen und Torten aufgetischt, Hochzeitsgäste auch mit allerlei anderen Süßigkeiten wahrhaft traktiert und die Jungvermählten selbst mit Bonbons regelrecht überschüttet.

Ein letzter Nachhall der einstigen *sakralen* – oder magischen – Bedeutung von Süßspeisen lebt noch in der Gewohnheit fort, sie als besondere Zukost und, jedenfalls bis vor kurzem noch, allein an *Sonn- und Feiertagen* als «Nachtisch» zu essen. Gängigerweise bestanden, wie schon gesagt, die Hauptgerichte früher immer nur aus einem einzigen Gang.

5. Götterspeise

Das gute Leben im Paradies und die Not nach dem Sündenfall

Zu Anbeginn, als die Menschen noch unter paradiesischen Verhältnissen irgendwo inmitten der Welt in einem blühenden Garten lebten, herrschte gleichsam *allezeit Feiertag*. Es gab immer und reichlich zu essen. Und Süßes spielte dabei eine besondere Rolle.

Universal verbreiteten Überlieferungen zufolge war damals der Himmel der Erde noch nahe. Die Menschen konnten ihn jederzeit über einen Spinnenfaden, eine Liane, Leiter oder einen mächtigen Baum erreichen. Häufig weilten die Götter, ja der Schöpfer selbst, bei ihnen zu Gast. Niemand brauchte sich um sein täglich Brot zu sorgen; alles war in verschwenderischer Fülle vorhanden. Allerdings bog sich die paradiesische Tafel allein unter *vegetarischer* Kost – die Menschen lebten vor allem von Obst. Nach Mythen der Chewong im Zentrum der Malaiischen Halbinsel reichte eine einzige Frucht aus, um eine ganze Familie für einen Tag zu ernähren. Die wohlschmeckendsten gediehen indes im Himmel unmittelbar zu Häupten der Menschen. Um ihrer habhaft zu werden, mußten sie sich also immerhin der – freilich nicht allzu beschwerlichen – Mühe unterziehen und an dem Seil, der Liane oder dem Baum hochklettern.

Neben Obst setzte sich die paradiesische Kost noch aus Honig sowie Wasser und Milch, gelegentlich auch Wein zusammen. Oft dachte man sich den Garten auf dem Gipfel des alles überragenden Weltbergs gelegen, aus dem sich ein mächtiger Baum – der Weltbaum – erhob, der die Unter-, Mittel- und Oberwelt miteinander verband. Seine Äste und Blätter schieden, wie die Weltesche Yggdrasil nach germanischem Glauben, fortwährend Honig aus, der im Morgengrauen auf die Erde herabtropfte und die Blütenkelche füllte, aus denen ihn dann die Bienen einsammelten. Unten umgab ihn nach eurasiatischen Vorstellungen entweder ein See aus Milch, oder es entsprang dort eine Quelle kristallklaren Wassers; anderen, neben indischen vor allem altvorderasiatischen Überlieferungen zufolge speiste diese Quelle vier große, wasser-, milch-, honig- und wein- oder auch ölführende Ströme (vgl. noch Koran XLVII 16).

Solange die Menschen im Paradies lebten, litten sie weder Krankheit noch Tod. Die süßen Früchte, der Honigtau, die Milch und das Wasser der Quelle verliehen ihnen Unsterblichkeit, wie sie die Götter besaßen. Anders als diesen kam ihnen das ewige Leben indes nur bedingtermaßen zu. Als Geschöpfe von weniger vollkommener, das heißt anfälliger und insofern potentiell sterblicher Art konnte sie Unbotmäßigkeit oder ein Fehlverhalten jederzeit um die Vergünstigung bringen. Da sie später tatsächlich sterblich wurden, wie wir es heute noch sind, mußten sie sich irgendwann den Vorzug verscherzt haben.

Darüber sind verschiedene Überlieferungen im Umlauf. Manchmal ist die Rede davon, daß die Götter bestimmte Früchte des Gartens sich selbst vorbehalten hatten, an welche die Menschen nicht rühren durften – wohl um ihren Schöpfern nicht allzu ähnlich und *vollends* unsterblich zu werden. Nach der Bibel (1. Mose 2:17–18) handelte es sich dabei bekanntlich um die Früchte «vom Baum der Erkenntnis des Guten und Bösen», nach Volksüberlieferungen aus dem östlichen Mittelmeerraum um den «Weizenbaum». In anderen Fällen heißt es, daß die Menschen das sorglose Leben ganz einfach gedankenlos

und übermütig machte. Da zudem, weil niemand starb, ihre Zahl ständig wuchs, kam es alsbald auch zu Spannungen, Mißgunst und Streitereien. Was im einzelnen auch immer der Grund war, die Menschen setzten schließlich die Gunst der Götter durch Unachtsamkeit, dreisten Übermut oder auch kraß sündhaftes Verhalten leichtfertig aufs Spiel und handelten sich damit Krankheit, Leiden und Tod ein. Bei den Korongo, einer Gruppe der Nuba im Sudan, lag das Paradies auf dem Gipfel eines Berges. Dort lebten ihre Urahnen ursprünglich friedfertig und glücklich zusammen. Da es ihnen dort aber allmählich zu eng wurde, begannen sie, rein zur Kurzweil, «Bestattung» zu spielen. In feierlicher Prozession trugen sie einen Baumstamm zu Grabe und setzten ihn mit großem Ritualaufwand bei. Gott verdroß die respektlose Posse. Zur Strafe schlug er die Tunichtgute mit Krankheit und Tod. Erschrocken über die Folgen, verließen sie die paradiesische Heimstatt und zerstreuten sich unten über das Land. In wieder anderen Fällen trieben es die Menschen noch ärger. Sie aßen mehr, als ihnen guttat, begingen bedenkenlos Inzest und übten Gewalt widereinander, wann immer ihnen der Sinn danach stand, ja fraßen einander gar auf.

Hugo van der Goes (ca. 1440–1482), «Der Sündenfall», Öl auf Holz. Kunsthistorisches Museum Wien. Die Vorstellung eines paradiesischen Gartens mit einer Überfülle an wohlschmeckenden Früchten war nahezu weltweit verbreitet. In seiner Mitte ragte ein gewaltiger Baum auf, der Himmel und Erde verband, so daß Götter und Menschen einander besuchen und Umgang miteinander pflegen konnten. Nachts rann Honigtau von seinen Ästen herab. Zu seinen Füßen entsprang eine Quelle oder befand sich ein Milchsee. Die Früchte, der Honig, das Wasser beziehungsweise die Milch spendeten den damaligen, rein vegetarisch lebenden sündelosen Menschen ewige Jugend, Gesundheit und Unsterblichkeit. Übermut, Gedankenlosigkeit oder die Mißachtung eines göttlichen Gebots brachte sie dann um die Vergünstigung, so daß sie den Garten verlassen und fortan «im Schweiße ihres Angesichts» für ihren Unterhalt arbeiten mußten.

Der Schöpfer, zutiefst enttäuscht, mochte die Verhöhnung seiner Autorität nicht länger dulden. Er kappte das verbindende Seil, stieß die Leiter um und entzog den Baum den Augen der Menschen. Der Himmel stieg unerreichbar an. Die Frevler wurden aus dem paradiesischen Garten vertrieben. Oft übergoß sie Gott auch mit einer gewaltigen Flut, die nur wenige überlebten. Fortan waren sie *sterblich* und mußten mühselig vom «Kraut auf dem Felde» leben. Der Acker war um ihrer Sünde willen verflucht; er trug ihnen «Dornen und Disteln». Ihr täglich Brot konnten sie nur mehr «im Schweiße ihres Angesichts essen» (1. Mose: 3:17–19).

Nach der Vertreibung brach für die Menschen eine im wahrsten Sinne des Wortes saure Zeit an. Honig war nur mehr spärlich vorhanden. Ihn ausfindig zu machen und die Nester – in Bäumen oder hochgelegenen Felsspalten – auszubeuten, kostete Mühe und brachte Gefahren für Leib und Leben mit sich. Die Früchte entfalteten ihre volle Süße nur mehr während der Reifezeit, und zum Dörren blieb meist nicht allzuviel übrig. Zucker kam, wie erwähnt, erst sehr spät auf und blieb lange Zeit ein Luxusgut.

Demgegenüber standen den Göttern Honig und reifes Obst allezeit und in nie versiegender Fülle zur Verfügung. Beide bildeten daher, als steter Quell ihrer Unsterblichkeit, auch fürderhin, neben Milch und teils auch geschmolzener Butter (z. B. bei indoarischen Völkern) sowie den daraus gewonnenen berauschenden, das heißt übermäßig Kraft spendenden Getränken, ihre Hauptkost. Das germanische Wort «Met» ist nicht von ungefähr etymologisch mit dem altindischen *madhu* (Honigwein) und dem griechischen *méthy* («Wein») verwandt. Die Olympier selbst bevorzugten allerdings einen *soft drink*. Dabei bleibt unbestimmt, woraus sich dieser, der Nektar, zusammensetzte. Honig scheint immerhin einen wichtigen Bestandteil gebildet zu haben. In der Ambrosia, ihrer Speise, dürften den einschlägigen Textstellen nach wohl wieder Früchte enthalten gewesen sein. Beider Genuß sicherte ihnen ewige Jugend und Unsterblichkeit.

Allerdings genossen die Götter als rein *spirituelle* Wesen, wie der antike Philosoph Porphyrios von Tyros (ca. 234–305 n. Chr.) wohl zu Recht behauptet, keine feste, sondern immer nur Extrakte der feinststofflichen Anteile der Kost. Viele Völker glaubten so etwa, daß sie allein den *Duft* ihrer Gerichte zu sich nähmen. Analoges berichtet die Bibel auch von den Engeln. Am Ende der apokryphen Tobiaserzählung gibt sich der Wohltäter seinem Schützling Tobias und dessen Vater als Raphael zu erkennen und erläutert seine Geistesnatur mit den Worten: «Es schien wohl, als äße und tränke ich mit euch; aber ich brauche unsichtbarer Speise und eines Trankes, den kein Mensch sehen kann» (Tobias 12:19; vgl. Richter 13:16).

Den Vorstellungen trug die Opferpraxis Rechnung. Bevorzugt wurden den Göttern – analog aber auch Haus-, Schutzgeistern und Ahnen – Honig, Milch (Butter), teils in Kombination mit Honiggebäck, Kuchen (z. B. Hirsekuchen) und Früchte dargebracht, dazu Met, Trauben- und Palmwein, Milchschnaps (Innerasien) sowie Biere aus Hirse, Gerste, Mais, Maniok usw. Den Ahnen goß man die Getränke aufs Grab und gab ihnen die Speisen, wie in Europa Honigkuchen zum Beispiel, teils auch bereits bei der Bestattung mit in die Gruft. Gebratenes glaubte man den Göttern erst in den Archaischen Hochkulturen vorsetzen zu müssen. Gewöhnlich handelte es sich dabei um «Brandopfer»: Der Rauch sollte die ätherische Feinsubstanz rascher nach oben tragen, während unten die Irdischen die vergängliche Grobkost verzehrten.

Für die Götter bedeuteten die Opferspeisen lediglich eine Respektbekundung; sie brauchten nicht die Menschen zur Sicherung ihrer Unsterblichkeit. Den Geistern aber verhalfen sie zur *Langlebigkeit*, während den Ahnen Honig, Milch und berauschende Getränke die verlorene Unsterblichkeit zumindest in «gebrochener» Form gewährleisteten, indem sie die Verstorbenen immerhin über das Grab hinaus «am Leben erhielten», so daß sie sich nach drei bis fünf Generationen erneut unter den Ihren auf Erden wiederverkörpern, reinkarnieren konnten.

Aber nicht alle beugte die Last des Sündenfalls bis ans Ende der Tage. Einige wenige vermochten sich durch ein untadeliges, vorbildliches Leben soviel Verdienst vor Gott zu erwerben, daß er Gnade walten ließ, ihnen den Gang ins Totenreich ersparte und sie, wenn ihr Ende gekommen war, gleichsam «zurück» ins nunmehr ferngelegene Paradies entrückte, wo sie, wie weiland die Alten, von den himmlischen Speisen kosten durften und fortan wieder Unsterblichkeit genossen. Nach dem Glauben der Golden, einer Fischer- und Jägerbevölkerung am unteren Amur, bestand der Überfluß dort freilich zur Hauptsache aus reichlich Fisch und Wild. Kaukasischen Überlieferungen zufolge gelangen die Gerechten gefahrlos über die haarnadelschmale Brücke, die nach wie vor, wenn auch unsichtbar, Erde und Himmel verbindet, ins jenseitige Paradies: eine schneeweiße Festung, in der himmlische Speisen für sie bereitstehen, die man nicht essen, sondern lediglich anschauen muß, um gesättigt zu werden. Oft glaubte man die paradiesische Heimstatt der Seligen auch auf Inseln jenseits des erdumrundenden Ozeans lokalisiert. Dorthin entrückte zum Beispiel Zeus laut Hesiod (Ende des 8. Jahrhunderts v. Chr.) die großen Helden der Vorzeit, wo «sie nun wohnen mit kummerentlasteten Herzen auf den seligen Inseln und bei des Okeanos Strudeln, hochbeglückte Heroen; denn *süße Früchte wie Honig* reift ihnen dreimal im Jahr die nahrungspendende Erde» (*Werke und Tage* 170–173). Anderen griechischen Überlieferungen nach ergötzten sich die Großen der Vorzeit, wie Radamanthys und Menelaos zum Beispiel, in den elysischen Gefilden am Ende der Welt mit Spielen, Musik und heiteren Festen im Schatten duftender Obstgärten, deren *süße Früchte* ihnen ewiges Leben bescherten. Auch die Kelten wie später die Iren kannten derartige Inseln (Avalon, Falga u. a.), auf die etwa der verwundete König Arthur entrückt wurde und genas, oder auch wieder «Gefilde» (z. B. Mag Mór), reich an *obsttragenden Bäumen*, herrlichen Speisen und Getränken, die den dorthin Entrückten, die ihre Tage auch hier mit Musik und Feiern verbrachten, Unsterblichkeit schenkten. Die verdienten Recken der Germanen dagegen wurden von den Walküren, einer Art wehrhafter Engelwesen, auf Kriegsrossen vom Schlachtfeld in die himmlische Feste Walhall entführt und dort in der Folge an langen Tafeln in hellerleuchteten Hallen tagtäglich aufs reichlichste mit dem Fleisch des unsterblichen Ebers Saehrimnir und Trinkhörnern voller *Met und Milch* regaliert. Auf Mangaia schließlich, einem Eiland der südlichen Cook-Inseln im fernen Polynesien, stiegen die gefallenen Helden, weniger martialisch im Stil und dem heiteren Flair der Südsee entsprechend, behängt mit Girlanden aus duftenden weißen Gardenien, gelben Bua, den goldenen Früchten der Pandanuspalme, dunklen Crimsonmyrthen und den glockenförmigen Blüten des Lorbeerbaums in die höchsten himmlischen Gefilde auf, brachten ihre verewigten Tage abermals mit Singen, Tanzen, Feiern und der Genugtuung hin, die ihnen der Blick hinab auf Awaiki, das Totenreich der gewöhnlichen, unrühmlich dahingeschiedenen Sterblichen gewährte, auf die sie verächtlich ihre Ausscheidungen fallen ließen.

Aber es konnte auch ein ganzes Volk zu den Auserwählten zählen. Als die Israeliten nach dem Auszug aus Ägypten darbend die Wüstenei der Sinaihalbinsel durchzogen und begannen, sich nach dem Brot und den Fleischtöpfen Ägyptens zurückzusehnen, sandte der Herr ihnen Scharen von Wachteln und ließ in der Nacht «Manna» vom Himmel regnen – «Engelsbrot», wie der Psalmist sagt (Psalm 78:24–25); denn man glaubte, daß dies die Speise der Engel sei. Es «hatte einen Geschmack wie *Semmel mit Honig*». Auf Moses Geheiß sammelten sie es allmorgendlich ein und lebten «vierzig Jahre davon, bis daß sie zu dem Lande kamen, da sie wohnen sollten» (2. Mose 16:1–35). Weniger Wundergläubige fanden in nachbiblischer

Zeit heraus, daß es sich dabei um das *honigartige* glasklare Sekret eines kleinen Insekts, der Mannaschildlaus (*Trabutina mannipara*) handelt, die auf den Zweigen der Tamariskensträucher (*Tamarix mannifera*) lebt. Es findet sich auch heute noch dort, wie im übrigen auch in Persien und Anatolien. Die Beduinen sammeln es frühmorgens ein, ehe die Ameisen ihnen zuvorkommen können, und bevorraten es in versiegelten Krügen, da es nahezu unbegrenzt haltbar ist. Meist verwendet man es als Zukost zu anderen Speisen oder verbäckt es, wie im Iran, mit Mehl und Honig zu Kuchen.

Den Israeliten half es den Wüstenmarsch durchzustehen und zuletzt das ihnen verheißene Land zu erreichen, «darin *Milch und Honig* fließt» (2. Mose 13:8 u. 17) – eine sinnfällige Metapher: als Vorgeschmack auf das ewige Leben war ihnen schon mal ein irdisches «Quasi-Paradies» zugedacht. In der Tat gründen Formel und Vorstellung sichtlich auf konkreter Erfahrung: Beduinen Arabiens ernähren sich oft über Wochen und Monate hin fast einzig von Schafsmilch und Honig. Zur Bestätigung wurde ein Versuch angestellt, der ergab, daß ein Mensch mindestens drei Monate lang ausschließlich von Milch und Honig leben kann, ohne Gewichtsverluste, eine Beeinträchtigung seiner Arbeitsfähigkeit oder irgendwelche anderen Schädigungen zu erleiden.

In der späteren Märchen-, Sagen- und Legendenzeit gelangten nur mehr vereinzelte Auserwählte – und lediglich für eine befristete Weile – in das «gelobte Land». Märchenhelden finden sich nach langer, gefahrvoller Reise, bei der ihnen freilich gute Geistmächte beistehen, plötzlich in einem Zaubergarten wieder, dessen Bäume goldene *Früchte* tragen und in dem sich ein kristallenes Schloß erhebt mit einem Brunnen darin, der entweder Wasser, *Milch oder Honig* spendet. Der Held trinkt in der Regel weder davon noch kostet er von den Speisen und Früchten, da ihm striktestens aufgetragen ist, lediglich Proben davon mitzunehmen, um daheim etwa einen todkranken König damit zu *heilen*; außerhalb des Paradieses verleiht seine Kost keine Unsterblichkeit mehr, besitzt aber immerhin noch eine übergewöhnliche, *lebensverlängernde* Heilkraft. Nach einer Sage der Osseten im Kaukasus gewinnt ein Held durch ein Bad in dem paradiesischen Milchsee immerhin seine Jugend zurück; wäre es ihm um Unsterblichkeit gegangen, hätte er schon zu den besonders Auserwählten zählen müssen und nicht mehr ins irdische Leben zurückkehren können.

Die Zeiten, da die Tiere noch sprechen konnten, Zauberer in die Geschicke der Menschen eingriffen und selbst einfältige Helden Wunder wirkten, sind lange dahin. Doch gab es auch später immer noch einige, die sich vor anderen rühmlich hervortaten und ein vorbildliches Leben führten, so daß Gottes oder der Ahnen Auge mit Wohlgefallen auf ihnen ruhte. Das waren, allein schon von Amts wegen, die Hochgestellten – Priester und weltliche Oberhäupter. In vielen Kulturen des alten Mittelmeerraums und Afrikas bildeten wohl insofern *Honig und Honiggetränke* einen typischen Bestandteil der Häuptlings-, Fürsten-, Königs- und Priesterkost. Beides machte auch einen obligaten Bestandteil der Geschenke oder Tribute aus, die ihnen darzubringen waren. Ihr Genuß stärkte, wie man gemeinhin der Auffassung war, in besonderer Weise die Physis wie den Verstand, verhalf zu Glück, Reichtum und Weisheit.

Dies kam auch den Verantwortlichen in Spitzenpositionen zu. Sie standen den Ahnen wie den Himmlischen nahe. Für sie bildete die Vorzugskost ein Standesprivileg. Anderen dagegen gewährte man Gaben der Götterspeise zu *Stärkungszwecken*, wenn sie sich in einer kritischen Phase befanden und geschwächt waren. Kranken zum Beispiel wurden Honiggetränke als Heilmittel verabreicht. Vor allem aber flößte man vielfach Neugeborenen, deren Seelen sich anschickten, nach ihrem jenseitigen Dasein ins Diesseits überzuwechseln, ein wenig Honig ein, bevor sie an die Brust gelegt wurden. *Honig und Milch* bildeten somit oftmals die erste Nahrung des Menschen auf Erden – um ihm den Übergang gleichsam schmackhaft zu machen und die erforderliche *Lebenskraft* zu verleihen.

Die Götter hatten ein Beispiel gegeben. Sowohl Zeus wie Indra (und andere Götter) empfingen nach ihrer Geburt zuerst Honig, dann Milch beziehungsweise ein Gemisch davon. Beides galt auch Jesaja (7:15) als *die* Säuglingskost schlechthin. Frühchristlicher Auffassung nach gewann das Neugeborene erst durch den Genuß von Honig und Milch das *wahre* Leben. Entsprechend war es üblich, den – damals vielfach erwachsenen – Neubekehrten nach der Taufe (ihrer «Neugeburt») als erstes einen Kelch mit Honig und Milch zu reichen, wie das noch heute zum koptischen und äthiopischen Taufritus gehört. Beides zählte überdies in vielen frühchristlichen Gemeinden neben Brot, Wein und Öl zum festen Bestand des Abendmahls. Weiter spielten Honig und Milch auch bei *Wiedergeburtsritualen* – wie im Mithraskult und den islamischen Futuwwa-Bünden – als Festspeise der Weihlinge während der Abschlußfeier eine zentrale Rolle. Und demselben Verständnis entspricht, daß Honig so häufig zum gemeinsamen Ritualmahl der Brautleute auf dem Höhepunkt des Hochzeitsfestes gehört oder der Braut bei Eintritt in ihr neues Heim Honig gereicht wird. Auch Könige aßen, in Altindien mit *geschmolzener Butter* gemischt, zum Abschluß der Inthronisationszeremonien Honig oder wurden damit übergossen. Hatte man den Verlust eines Angehörigen zu beklagen, stärkten die Hinterbliebenen sich während des Trauermahls ebenfalls durch den Genuß von Honig und Milch (oder Butter).

Menschen, denen es um ihr Seelenheil besonders zu tun war, suchten der Erbschuld des Sündenfalls ledig zu werden, indem sie ein «erdenthobenes» asketisches Leben führten. Sie sonderten sich – innerlich und sozial, häufig auch räumlich – von der Gesellschaft ab, fasteten und kasteiten sich und ernährten sich *rein vegetarisch*, teils auch von Milch und Molkereiprodukten, das heißt gleichsam von paradiesischer Kost, wie in der Antike die Pythagoreer und Angehörige anderer Philosophenschulen oder Mysteriengemeinden und eschatologischer Sekten, die sich auf das bevorstehende Ende der verdorbenen Welt gebührend vorbereiten wollten; in Indien besonders beflissene buddhistische Gläubige oder Brahmanen, im Frühchristentum die Anachoreten und später im Mittelalter viele Heilige, die sich in die Wälder Europas zurückzogen und von *Sammelkost* lebten. Kompromißlos gottergebene Christinnen verzichteten seit Beginn des 13. Jahrhunderts gar vollends auf irdische Kost und lebten allein noch vom «Brot der Engel»: der Eucharistie, die bereits von Jesus und den Evangelisten mit dem Manna gleichgesetzt worden war (vgl. Johannes 6:32, 48; 1. Korinther 10:3–4) und ihnen nun, auf ihrem Pilgerweg durch die Wüste des irdischen Daseins, zur Stärkung von den Engeln überbracht wurde. Die heilige Katharina von Siena (1347–1380) ernährte sich, wie sie berichtet, viele Jahre vor ihrem Tod einzig von diesem «Brot», das sie aus der Hand der Engel empfing. Das hatte zur Folge, daß ihr oft nicht bewußt war, ob sie sich innerhalb oder außerhalb ihres Körpers befand. Ziel war in allen Fällen, dem verlorenen paradiesischen Zustand, in dem die Himmlischen noch unter den Menschen weilten, so nahe wie möglich zu kommen, den Sündenfall gleichsam zu hintergehen.

Und wie Katharina von Siena «taten» sich auch anderen dabei «die Augen auf»: Nahe an der Schwelle zum Jenseits gewannen Sterbende und Entrückte oft die Gabe der Hellsichtigkeit. Propheten wie Johannes der Täufer nährten sich nicht von ungefähr bevorzugt von *Honig*. Den nordischen Göttern bescherte der Met nicht nur unbegrenzte Lebenskraft, sondern auch Weisheit und die Gabe, die Zukunft zu schauen.

Doch einmal im Jahr rückte das Paradies *allen* Menschen erneut und hoffnungstiftend nahe. Das war während des großen Erntefestes, zu «Neujahr», der Wende und *Umkehrphase* von Natur und Gesellschaft schlechthin. Man hatte im Schweiße seines Angesichtes erfolgreich sein täglich Brot eingebracht – doch würde das auch im kommenden Jahr gelingen? Die Festlichkeiten verfolgten kein geringeres Anliegen, als den so folgenschweren Übergang vom primordialen Sündenfall zur Etablierung der Lebensordnung danach, die das Dasein verbürgte, *magisch-rituell* sicherzustellen. Magische Akte bezeichnen, beschreiben und demonstrieren das Intendierte, um es durch die rituelle Objektivierung gleichsam «dingfest zu machen» und besser kontrollieren, «in den Griff bekommen» zu können. Man inszenierte das Geschehene nach.

Dazu begab sich die dörfliche Gemeinschaft in Seklusion. Keinem Fremden wurde während der Dauer des Festes Zutritt gewährt. Ganz unter sich, wie weiland die Ahnen zu Urbeginn, hob man die überkommene Ordnung auf, das heißt *kehrte* sie gleichsam *um* in die chaotischen Verhältnisse, die seinerzeit zum Sündenfall und Verlust der Unsterblichkeit geführt hatten. Anarchische Zustände brachen aus. In den Häusern wurden die Feuer gelöscht. Die Arbeit ruhte. Alle geltenden Regeln, Normen und Tabus büßten ihre Gültigkeit ein. Männer und Frauen wechselten Rollen und Tracht. Kinder konnten ihre Eltern, Gattinnen in aller Öffentlichkeit ihre Gatten beschimpfen, ja Hand an sie legen. Es kam zu Diebstahl und Gewalttätigkeiten. Auf den Straßen rollten die Würfel und wurde um Haus und Hof gespielt; die Becher kreisten. Weder eheliche Treue noch Exogamieregeln oder selbst Inzesttabus galten noch etwas. Streitende erschlugen nicht selten einander – ohne daß sie dafür belangt werden konnten. Und wie einst wandelten die Götter, nunmehr im Verein mit den Ahnen und beide in Maskengestalt, unter den Menschen, bemühten sich, ihrem Treiben Einhalt zu gebieten, und maßregelten sie durch Verwarnung und Rügegerichte. Niemals, so die Überzeugung der Tscherkessen im nordwestlichen Kaukasus, kamen die Menschen Gott so nahe wie zu dieser Zeit.

Schließlich, in der Regel nach drei bis zwölf Tagen, hatte der Spuk ein Ende. Man entzündete die Feuer aufs neue, reinigte sich, säuberte die Häuser, das Dorf und die öffentlichen Gebäude, nahm fällige Reparaturen vor, legte frische oder auch neue Kleidung an und entledigte sich aller Schuld, die man im vergangenen Jahr auf sich geladen hatte: persönlich durch Beichten und Wiedergutmachungsopfer an Ahnen und Götter, kommunal, indem man die kontaminierende Altlast des Bösen einem «Sündenbock» – Tier oder Mensch – auflud, den man dann über die Gemarkungsgrenze fort in die Wildnis trieb (nicht selten auch tötete) oder auf andere Weise «entsorgte». Bei den Ao Naga in Assam schritt so zum Beispiel ein Priester durchs Dorf und forderte die Einwohner lautstark auf, sich alles Bösen, das sie in der zurückliegenden Zeit begangen hatten, zu entäußern. Ihm folgte ein Gehilfe mit einem Korb, in den jeder dann irgend etwas, meist einen alten Lappen oder einen Fetzen schmutziger Baumwolle warf und dazu sprach: «Möge damit alles Böse fortgehen!» Nach Abschluß des Rundgangs begaben sich der Priester und sein Adlatus zum Fluß und kippten den Müll mit den Worten «möge das Wasser alles Böse mit sich forttragen» hinein.

Die Gesellschaft war wieder sündelos wie am Morgen der Tage. Und für eine kurze Weile stellten sich in der Tat auch die uranfänglichen paradiesischen Verhältnisse wieder her. Einem weitverbreiteten Glauben nach unterhielten sich in der «heiligen Nacht» auf dem Höhepunkt des Festes die Tiere, ja Pflanzen und Bäume in der Sprache der Menschen. Der Himmel war wieder aufgetan, so daß man bis tief hinein sehen und unter Umständen selbst Gott schauen konnte. Alle Gewässer besaßen *Heilkraft*. Nahm man in einer Quelle, einem Fluß oder See ein Bad, schlossen sich Wunden, genas man von all seinen Leiden und war für das kommende Jahr vor Zauber und Ungemach gefeit.

Endlich zum Abschluß des Festes rückte man die verkehrte Ordnung wieder zurecht. Die örtlichen Würdenträger wurden in ihren Ämtern bestätigt oder neu bestimmt, bestehende Verpflichtungen und Abkommen erneut beschworen. Man feierte in fröhlicher, ausgelassener Weise, tafelte und zechte, «was das Zeug hielt» – denn von allem war reichlich vorhanden. Und namentlich *Süßspeisen* und *«geistige» Getränke* spielten dabei eine besondere, inhaltlich und szenisch ebenso konsequente wie vorgeschriebene Rolle. Alles schien *wiedererschaffen*. Die Gesellschaft war, wie zu Anbeginn, verjüngt und gestärkt ins Leben zurückgekehrt, sie «erwachte», wie die Lobedu in Transvaal den Zustand denn auch beschreiben, jeweils *zu neuem Leben*.

Doch die Menschen *waren* gefallen. Neujahrsfeste sind der Versuch, sowohl mahnend an die Seligkeit des Beginns zu erinnern und kraft der rituellen Vergegenwärtigung sein Heilspotential für die kommende Saison zu beschwören als auch den Beteiligten warnend die Folgen des Sündenfalls vor Augen zu rücken. Vielleicht half das ja auch, wie man meinte, das Überleben letztendlich zu sichern. Denn zwischendurch fielen die Menschen ihrer verlorenen Unschuld trotz aller guten Vorsätze immer wieder zum Opfer. Sie brachen Tabus und sündigten, mal weniger, mal mehr. Übertrieben sie es, kam das jedesmal einem erneuten Sündenfall gleich. Ahnen und Götter suchten sie dann, um sie mit harter Hand – so verstand man das allgemein – zur Ordnung zu rufen, ja vor dem endgültigen Untergang zu bewahren, mit Epidemien, Heuschreckenplagen, Dürren, Unwettern und anderen Katastrophen heim, die zu existenzbedrohenden Ernteeinbußen führten. Ferner denn je dem Paradies mußten sie nunmehr wahrlich von «Dornen und Disteln» leben.

In derartigen Hungerzeiten aß man Wurzeln, Kräuter, Blätter, Samen und Rinden, die man sonst verschmähte, weil sie entweder trocken und extrem hart waren oder sehr bitter schmeckten. Verschiedentlich herrschte auch die Auffassung, daß es sich bei dieser Sonderkost, zu der man nur in der Not griff, eigentlich um die *Nahrung der Tiere* handle, die Menschen unangemessen sei. Die Römer nutzten in Mangeljahren unter anderem auch Roggen, der ihnen als Wildgetreide (bzw. «Unkraut») durchaus bekannt war, aber als wenig genießbar galt.

Hunger ist eher der schlechteste Koch, der auch aus Schmalhans keinen Küchenmeister macht. Im europäischen Mittelalter, in dem häufig, besonders während der Völkerwanderungszeit und der Kriegswirren vom 11. bis zum 16. Jahrhundert, verheerende Hungersnöte herrschten, verlegten sich die Menschen wieder auf das Einsammeln und Verarbeiten der bislang ungenutzten Wildkostbestände. Brot buk man in nordeuropäischen Küstenländern zum Beispiel aus Fischmehl, sonst aus getrockneten und zu Staub vermahlenen Wurzeln, Leguminosen, Pilzen, Rüben, Meerrettich, Zwiebeln, Haselblüten, Kräutern, Farnkrautwurzeln und Traubenkernen, untermischt mit ein wenig Mehl. Allerdings waren die alten gediegenen Kenntnisse der Wildpflanzennutzung damals zum Teil schon verlorengegangen, so daß es zu «Mißgriffen» kam, die zu gefährlichen Krankheiten, nicht selten mit Todesfolge führten. Ältere Leser werden sich noch an die Hungerjahre vor und nach dem Ende des Zweiten Weltkriegs erinnern, als die Menschen wiederum in Wildflur und Wälder ausschwärmten, um Beeren, junge Buchenblätter – ein Gemüse daraus findet sich auch bei Hildegard von Bingen (1098–1179) erwähnt – und im Herbst die Eckern zur Ölgewinnung zu sammeln, Salate aus Huflattich, Sauerampfer, Löwenzahn und anderen Wald- und Wiesenkräutern zusammenstellten, Tee aus getrockneten Brombeerblättern und «Kaffee» aus dem Mehl getrockneter und gerösteter Löwenzahnwurzeln tranken. Nur in der allerärgsten Not vergriff man sich auch, wie die Soldaten im Stalingrad-Kessel, an seinesgleichen, tötete und verzehrte dann aber nur die Kranken und total Entkräfteten, die ohnehin keine Chance mehr hatten.

Begreiflich, daß die Menschen in derart entbehrungsreichen Zeiten, in denen die Brotkrusten hart waren und in bitteres Wasser getunkt schienen, Tröstung in Träumereien von Schlemmerorgien an üppig besetzten Tafeln mit Kannen würzi-

Pieter Brueghel der Ältere (ca. 1525–1569), «Das Schlaraffenland», Öl auf Holz, Alte Pinakothek München. In Mangelzeiten pflegt sich die Phantasie kulinarische Traumwelten auszumalen, in denen an allem, wonach Magen und Herz begehren, verschwenderischer Überfluß herrscht. Schon seit der Antike ein bekanntes Motiv, erfreute sich die Mär vom «Schlaraffenland» während der Kriegswirren und Hungersnöte vom 14. bis 16. Jahrhundert besonderer Beliebtheit. Brueghel zeigt Bauern, die sich in dem gelobten Land endlich einmal nach Herzenslust satt essen konnten und über ihrem Hunger offensichtlich des Guten zuviel getan haben.

ger Biere und Weine suchten, in deren Genuß möglichst rasch zu kommen freilich nur mit Zauber oder durch ein Wunder gelingen konnte. Die Märchen legen noch Zeugnis davon ab, wenn etwa von jenem Töpfchen erzählt wird, das sich auf das Geheiß «koche!» sofort mit «gutem, süßem [!] Hirsebrei» füllte, der niemals zur Neige ging (Grimms Märchen, Nr. 103), oder dem Tischchen, dem man nur zu gebieten brauchte «Tischlein, deck dich!» – und schon war es besetzt mit Schüsseln voll von Gesottenem und Gebratenem und einem großen Glas mit rotem Wein (Grimms Märchen, Nr. 36). Weniger Bescheidene schwelgten – auch bereits in der Antike – in Vorstellungen von einem «Schlaraffenland», in dem die Häuser aus Lebkuchen erbaut, die Dächer mit Eierfladen gedeckt sind, die Balken aus Schweinebraten und die Zäune ringsherum aus Flechtwerk von Bratwürsten bestehen. Die Bäume tragen Semmeln, die Brunnen spenden Wein, ja selbst Champagner. Die Vögel, ob Gänse, Truthähne, Tauben oder Kapaune, fliegen gebraten durch die Luft. Der Käse wächst Steinen gleich aus dem Boden, und die Pferde produzieren statt Roßäpfeln körbeweise Eier im Überformat.

Zu ergänzen ist freilich, daß diese – weitverbreiteten – «Gastro-Utopien», die in der überlieferten Form vor allem aus der Zeit zwischen dem 12. und 14. Jahrhundert stammen, zur Gattung der «Lügenmärchen» zählen und stets, wie auch bei Grimm (Nr. 158) und Bechstein, eine unverkennbar ironische, wenn nicht moralische Spitze besitzen. Das lehrt schon die Etymologie des Begriffs. Der Bestandteil «*schlar-*» geht auf das spätmittelhochdeutsche *slūr*, ein Schimpfwort für «Herumtreiber» und «Faulenzer» zurück (das Kompositum «Schlaraffe», von *slūr-affe*, ist in Analogie zu «Maulaffe» gebildet); «Schlaraffenland» bedeutete also ursprünglich «Land der Schlemmer und Faulenzer» – will sagen: Gut auf Kosten anderer zu leben, gehört sich nicht; wer etwas haben will, kommt nicht umhin, hart, «im Schweiße seines Angesichts» dafür zu arbeiten. Das Leben macht uns bekanntlich keine Geschenke.

6. Das Osterlamm

Von der schuldhaften Verstrickung, töten zu müssen, um überleben zu können

Doch Arbeit ist nicht alles. Um überleben zu können, müssen die meisten Organismen töten: andere, denen sie das Leben *nehmen*. Der Mensch trägt mit an dem blutigen Erbe. Der Verlust der Unsterblichkeit machte *das Töten* zum Lebenserhalt unabdinglich. Mit dem Sündenfall kam Gewalt ins Spiel. Die alten Gesellschaften litten darunter; sie sahen darin das zentrale Problem ihres Daseins, das sie ebenso ernst nahmen, wie ihnen bewußt war, daß sie dafür Abbitte leisten und büßen mußten. Essen war keine «*reine* Freude».

Das Problem, um des Lebens willen töten zu müssen, erschien insofern als verhängnisvolles Geschick, als die Auffassung herrschte, daß die Pflanzen und Tiere, von denen man zur Hauptsache lebte, deren Wurzeln, Blattwerk und Äste, deren Felle, Federn, Geweihe und Sehnen man zur Bekleidung, zum Hausbau und zur Gebrauchsgüterfertigung bedurfte, *Verwandte* der Menschen waren. Den Mythen zufolge hatte der Schöpfer sie etwa vom gleichen Werkstoff erschaffen, oder sie stammten von gemeinsamen Urvorfahren ab. Anfangs konnten sie sich noch beliebig ineinander verwandeln; erst später erfolgte die endgültige Festlegung auf ihre heutige Erscheinung. Doch die Seelen blieben einander gleich. So konnte es immer noch nach dem Tod – bei Zauberern, den Mitgliedern bestimmter Geheimbünde und Schamanen auch im Leben – zum

Gestaltwechsel kommen. Das schien sinnfällig vor allem im Falle der Tiere.

Verwandte waren in traditionellen Gesellschaften zu einem bestimmten Verhalten untereinander verpflichtet, was entsprechend, und namentlich in den alten Sammlerinnen- und Jägerkulturen, auch für den Umgang mit Tieren galt. Sie wurden dabei wie *ältere* Verwandte behandelt, das heißt man begegnete ihnen mit Respekt, nannte sie, wie sich das auch bei Menschen so gehört, nicht beim Namen («Elch», «Bär»), sondern sprach sie ehrerbietig mit «älterer Bruder» oder «Onkel» an und achtete streng darauf, daß sich niemand, Kinder etwa, über sie lustig machte.

Vor allem aber sind Verwandte zu Solidarität und wechselseitigem Beistand, das heißt zu strikter *Reziprozität* verpflichtet. Die Tiere trugen ihren Teil dazu bei, indem sie die Menschen mit wichtigen Rohstoffen versorgten, durch Omina vor Gefahren warnten oder ihnen in kritischen Situationen im Traum erschienen und sie berieten sowie, dies nicht zuletzt, sie durch ihr Opfer mit ihrem eigen *Fleisch und Blut* ernährten. Die Menschen ihrerseits begegneten ihren «älteren» Verwandten im Tierkleid mit dem erwähnten pietätvollen Respekt, schonten trächtige Mutter- und Jungtiere, erlegten nur soviel Wild, als für den Unterhalt notwendig war, und gingen niemals leichtfertig mit dem Erbeuteten um, das heißt vergeudeten nichts oder ließen etwas ungenutzt liegen. Vielfach wurden die «sterblichen Überreste» von Tieren, die man tot auffand oder getötet hatte, auch gleich Verwandten rituell beigesetzt.

Doch die Bilanz blieb unausgeglichen. Der Selbstaufopferung der Tiere hatten die Menschen nichts Adäquates entgegenzusetzen. In vielen Teilen der Welt suchte man zumindest eine Abmilderung des Konflikts im *Totemismus*, einer spezifischen Ausprägung der sichtlich sehr alten, «*animalistischen*» Weltanschauung frühzeitlicher Sammlerinnen- und Jägerkulturen. Er trat in verschiedenen Formen auf, bezog sich teils auf individuelle (persönliche), mehrheitlich jedoch auf kollektive Bindungen zwischen einer Sippe, einem Klan oder einer Lokalgruppe und einer *bestimmten* Tierspezies. Beide galten als verwandt, aber unmittelbarer und enger als sonst. Sie stammten *geradlinig* von einem gemeinsamen Urahnen ab und bildeten gewissermaßen zwei Hälften eines dualen Ganzen. Die Menschen nannten sich nach ihren «älteren Brüdern» («Adler», «Habicht», «Bär» usw.) und glichen sich teils auch in Tracht, Frisur, Bemalung, Schmuck und Emblemen an sie an. Die genannten Verhaltensvorschriften wurden in diesen Fällen noch ernster genommen – bis zu der letzten Konsequenz, daß man seine animalischen «Brüder» weder ansehen noch berühren, geschweige denn *töten und verzehren* durfte. Das war dann nur bei kollateralen, also «Seitenverwandten» zweiten, dritten usw. Grades, das heißt Tieren anderer Gattungen erlaubt, fiel aber auch hier noch schwer genug. Die Sündenlast wurde so gleichsam auf verschiedene Schultern verteilt.

Es gab jedoch eine Ausnahme von der Regel. Gewöhnlich einmal im Jahr wurde *ein* Angehöriger der eigenen Totemspezies zeremoniell erlegt und verzehrt, sei es von allen Mitgliedern der Gruppe oder nur einigen wenigen Würdenträgern. Analogen Praktiken zufolge, von denen teils noch die Rede sein wird, lag dem sichtlich der Gedanke zugrunde, durch den Genuß von *Fleisch und Blut* des Tieres seine Vitalkraftpotenzen, das heißt seine *Lebensseele* in die Menschen zu überführen, um so die «*unio mystica*» zwischen beiden Hälften des Verwandtschaftskorpus rituell immer wieder aufs neue zu bestätigen und zu stärken.

In Sibirien konnten Schamanen zum Beispiel erfolgreich nur in Kooperation mit ihren persönlichen – *tiergestaltigen* – Hilfsgeistern operieren. Um auf diesen Beistand jederzeit zählen zu können, war Voraussetzung, daß zwischen beiden ein quasi-*blutsverwandtschaftliches* Verhältnis hergestellt wurde. Das geschah während der sogenannten «Schamanen-Initiation». Der zum künftigen Schamanen Bestimmte fiel, gewöhnlich irgendwann zur Zeit seiner Pubertät, in tiefe Bewußtlosigkeit. Wie im Traum erlebte er dann, daß Geister ihn in die Unterwelt entführten und seinen Leib dort Stück für Stück auseinandernahmen. Als erstes trennten sie seinen Kopf ab und setzten ihn auf ein Wandbrett, damit er beobachten konnte, was weiter geschah. Daraufhin zogen sie mit eisernen Haken seine Gelenke auseinander, lösten das Fleisch von den Knochen und zerschnitten es in kleine Stücke, die sie mit seinem Blut tränkten und sowohl selbst aßen als auch an die anderen anwesenden, für die verschiedenen Krankheiten der Menschen verantwortlichen Geister zum Verzehr verteilten. Nach dem Mahl erfolgte die Wiederbelebung. Die Knochen wurden in der skelettgerechten Anordnung ausgelegt, mit Eisenfäden zusammengenäht und mit neuem, blutgetränkten Fleisch umkleidet. Zuletzt wurde der Kopf wiederaufgesetzt. Der Initiand hatte nun zwar sein Leben wieder, verblieb jedoch noch eine Zeitlang in der Unterwelt, um sich von den Geistern in allem, was er für seine künftigen, vor allem «ärztlichen» Aufgaben wissen mußte, aufs gründlichste unterweisen zu lassen. Danach kehrte seine Seele an die Oberwelt in ihren irdischen Leib zurück.

Das Ritualmahl aus *Fleisch und Blut* des Initianden hatte sowohl seine Hilfs- als auch die Krankheitsgeister zu seinen «Blutsverwandten» gemacht, was beide fortan zu wechselseitigem Beistand verpflichtete. Er selbst war durch die Metamorphose zu einem *übermenschlichen* Wesen, halb Geist, halb Mensch geworden. Unter anderem konnte er sich von nun an wie die Geister in jedes beliebige Tier verwandeln und hatte die Gabe der Hellsichtigkeit gewonnen. Er sah zum Beispiel, wo genau sich zu einer gegebenen Zeit das Jagdwild befand.

Welche Tiere ein Jäger aber auch immer zur Strecke brachte, es blieben Verwandte, die eine Seele wie er in sich trugen. Und Angehörige zu töten, war eben traditioneller Anschauung nach ein *Kardinalverbrechen*; es verletzte das Reziprozitätsgebot im

Kern. Dennoch blieben die Menschen um des Überlebens willen dazu gezwungen. Eine gewisse Tröstung bedeutete immerhin, daß die Tiere, wiewohl schneller, stärker und ihren Verfolgern artmäßig überlegen, doch offenbar bereit waren, sich töten zu lassen. Allerdings geschah das, wie man glaubte, auf «höhere Weisung», das heißt konkret auf Geheiß ihrer «Herren» oder «Herrinnen»: meist gattungsspezifischer, seltener höherrangiger Übergeistmächte in Adler-, Elch-, Löwen-, Elefanten- oder Bären-, also immer *Tiergestalt*, die Sorge für den Erhalt und die gehörige Vermehrung «ihrer» Artgenossen trugen. Da sie die Not ihrer menschlichen «Vettern» sahen, teilten sie ihnen bedarfsweise das Wild, das sie brauchten, zu – sofern diese freilich ein fehlloses Leben führten und sich an die Verhaltensvorschriften den Tieren gegenüber hielten. Das Töten geschah mithin gewissermaßen mit *«göttlicher» Billigung*.

Daher konnte man die Jagd auch nicht lediglich als eine rein ökonomische oder gar sportlich-abenteuerliche Unternehmung betrachten; vielmehr verstand man sie als ein einziges, das gesamte Erwachsenendasein des Mannes umspannendes Ritual. Es begann mit der «Jäger-Weihe». Dabei kam es im Kern wiederum darauf an, zwischen Weihling und Jagdwild eine *sympathetisch-«mystische»* Beziehung, ja eigentlich eine Art

Schamane während der Séance, Tungusen, Mittel- und Ostsibirien. Museum für Völkerkunde München. Schamanen waren Meister der Ekstasetechnik. Im Trancezustand trat die Seele aus dem Körper aus, nahm Tiergestalt an und begab sich ins Jenseits, um «Geistkinder» für Frauen, die nicht empfangen konnten, einzufangen, die Ursachen schwerer (psychotischer) Erkrankungen zu ergründen und Aufschluß über den Standort des Jagdwilds zu gewinnen. Auf dem Bild markiert das Kostüm die Tiergestalt des Schamanen (hier Ren oder Hirsch), die Anhängsel bilden unter anderem seine Hilfsgeister, die Erdscheibe, Sonne und Mond ab (die er möglicherweise besuchen wird). Das Schamanentum war besonders typisch für die alten Jägerkulturen Nordeurasiens und Amerikas.

«Blutsbrüderschaft» herzustellen, die das durch die Tötung bedrohte Verwandtschaftsverhältnis noch einmal mehr verdichten sollte und ähnlich wie im Falle der Schamanen-Initiation als Voraussetzung für den Erfolg der künftigen «beruflichen» Tätigkeit galt. Dazu wurden bei Buschmännern in Südafrika zum Beispiel den Initianden in Einschnitte zwischen den Augen und an den Oberarmen Pulver aus dem verkohlten Fleisch der wichtigsten Jagdwildarten samt verschiedenen anderen Substanzen («Medizinen») eingerieben, um dergestalt gleichzeitig auch ihre Sehschärfe, Schußkraft und Treffsicherheit zu stärken. Bei Pygmäen-Gruppen im Kongo «salbten» die Ältesten sowohl die Kandidaten selbst wie ihre Waffen mit dem Blut, speziell dem Herzblut des ersten während einer «Probejagd» sozusagen *offiziell* von ihnen erlegten Tieres, oder legten ihnen bestimmte seiner Organe, wie vor allem wieder das Herz, in die Hände, um beider Seelen- beziehungsweise Vitalkraft ineinander übergehen zu lassen. Den Höhepunkt des Ganzen bildete dann abschließend ein gemeinsames Fest, in dessen Zentrum ein *Sakralmahl aus Fleisch und Blut* der Beute stand, an dem sich entweder alle Gruppenmitglieder oder nur die Ältesten beteiligten. Der Weihling selbst aß nichts davon. Er hatte den Beweis zu erbringen gehabt, daß er fortan imstande sein werde, seinen Beitrag zum Unterhalt der Gemeinschaft zu leisten, und dafür rituell sozusagen die «Approbation» erhalten.

Fortan durfte er der Jagd nur unter bestimmten Voraussetzungen und unter Wahrung spezifischer Verhaltensmaßregeln nachgehen. Am Tag zuvor fastete man in der Regel zum Beispiel, reinigte sich, mied körperliche Kontakte zu Frauen und vor allem den Intimverkehr. Wildtiere hatten, wie man allgemein glaubte, eine ausgesprochene Aversion gegen Frauen; sie galten aufgrund ihrer Regelblutung als durch und durch unrein. Eine Berührung hätte den Jäger mit ihrem «Geruch» affiziert und die Tiere zur Abkehr bewogen. Während des Angangs selbst bemühte man sich, seine Gedanken voll auf das Wild zu richten, um es über die bestehende «mystische» Sympathiebeziehung gewissermaßen an sich zu ziehen, gedankenmagisch zu «bannen». War die Jagd erfolgreich verlaufen, mußte erst recht auch das Abhäuten und Zerlegen der Beute auf eine bestimmte, streng vorgeschriebene Weise erfolgen. Vor allem aber *beklagten* die Jäger den Tod ihres «Verwandten» teils auf das bewegendste, machten gelegentlich auch andere, wie in Sibirien bevorzugt die Russen, für die Tötung verantwortlich, baten die Seele des Tieres um Vergebung und führten abschließend Riten zu ihrer Versöhnung durch. Nach dem Verzehr des Opfers daheim im Lager wurden seine Gebeine, wie schon erwähnt, feierlich beigesetzt.

Um den Tieren zu zeigen, daß man sich der verhängnisvollen Verstrickung ständig bewußt blieb, setzten einstmals offenbar alle nordeurasiatischen, rezent noch ost- und nordostsibirischen Jägervölker die Problematik in regelmäßigen Abständen szenisch eindrucksvoll in eine längerwährende Ritualsequenz um, die zuletzt das sogenannte «Bärenfest» krönte. Dazu fing man zunächst ein Bärenjunges ein, zog es wie ein eigenes Kind auf das liebevollste auf, fütterte und verwöhnte es nach besten Kräften, um es dann schließlich im Rahmen einer großen kultischen Feierlichkeit, an der *alle* Gruppenmitglieder teilnehmen mußten, *kollektiv* zu töten. Das Fell mit dem Kopf daran wurde aufrecht mit Hilfe von Stangen inmitten der Siedlung aufgebockt, damit das Tier – wie der Schamanenanwärter während seiner Umwandlung in der Geisterwelt – Gelegenheit hatte, das Festgeschehen mitzuverfolgen. Man unterhielt es dann anschließend mit Spielen, Wettkämpfen, Musik, Tanz und Gesang und veranstaltete ein gemeinschaftliches Bankett, dessen Hauptbestandteil das Fleisch des getöteten Bären bildete. Alle aßen also gemeinsam von seinem *Fleisch und Blut* und bekräftigten dadurch ein weiteres Mal die enge verwandtschaftliche, *sympathetische* Beziehung zwischen Tieren und Menschen, die beider Überlebensfähigkeit verbürgte. Zum Schluß wurde die

Bärenfest bei den Giljaken (Nivchen), untere Amur-Region, Ostsibirien. Kupferstich. Bei vielen Völkern Sibiriens und des nördlichen Nordamerika war es üblich, alle paar Jahre ein Bärenjunges einzufangen, liebevoll wie ein eigenes Kind in der Gruppe aufzuziehen und schließlich im Rahmen eines großen Festes gemeinsam zu töten und zu verzehren. Auf dem Bild wohnt das Opfer der Feier gleichsam als Gast bei und hat Lachs (ein Hauptnahrungsmittel der Giljaken) vorgesetzt bekommen. Seine Seele wurde zum «Herrn der Tiere», einer – in diesem Fall bärengestaltigen – Übergeistmacht, die über den Erhalt des Wildbestandes wachte, entsandt, um Bericht zu erstatten, wie gut die Menschen mit den Wildtieren umgingen. Der Bärenvater im Himmel sollte dadurch beruhigt und bereitgestimmt werden, den Menschen auch fürderhin Jagdglück zu gewähren.

Seele des Bären feierlich verabschiedet und zurück zu seinem «Vater», dem in diesen Fällen bärengestaltig gedachten «Herrn der Tiere», gesandt. Man beschwor sie, ihm zu berichten, wie gut es seinem «Kind» bei den Menschen ergangen war, und ihn um *Vergebung und Gnade*, also Jagderfolg auch in Zukunft, zu bitten.

Nach der Entstehung des Bodenbaus änderten sich zwar die Daseinsbedingungen grundlegend, doch die Problematik blieb. Die Menschen waren nunmehr auf Gedeih und Verderb abhängig von den *Pflanzen*, von denen sie zur Hauptsache lebten – wie Angehörige einer Familie oder eines Verwandtschaftsverbandes immer auf alle anderen angewiesen und einander zu wechselseitigem Beistand verpflichtet sind, weil sie anders nicht existenzfähig wären. Und wieder «halfen» die Pflanzen den Menschen, da beide gemeinsamen Ursprungs, also *Abstammungsverwandte* waren.

Gängigen agrarisch-anthropogonischen Mythen zufolge entsprossten die ersten Menschen entweder gleich Pflanzen unmittelbar dem «Schoß» der Erde, reiften wie Früchte an Stauden, Sträuchern und Bäumen heran oder wurden vom Schöpfer aus dem gleichen Stoff – in der Regel Lehm oder Holz – erschaffen. Sie waren verwandter Art; die Menschen und vor allem natürlich ihre wichtigsten Kulturpflanzen verband eine sympathetische Engstbeziehung, wie sie eben unter nahen Angehörigen besteht. In der Urzeit konnten sich Mensch und Yams zum Beispiel nach Auffassung der Abelam in Papua-Neuguinea noch beliebig ineinander verwandeln. Analog galt den Einwohnern von Dobu, einem kleinen Eiland der Trobriand-Inseln nahe der Ostküste Neuguineas, der Yams als eine Art Metamorphose des Menschen. Die Pflanzen «verstehen, was man ihnen sagt», erklärten sie dem neuseeländischen Ethnologen Reo Fortune (1903–1979), «sie sind wie Menschen». Entsprechend verwandte man für «Yams» und «Mensch» (generell) ein und denselben Begriff. Andere Völker setzten sich, je nach den Pflanzen, die sie zur Hauptsache anbauten, etwa mit dem Taro, der Hirse, dem Mais, Reis, Weizen oder der Gerste gleich.

Menschen und Pflanzen teilten auch dasselbe Geschick. Leo Frobenius (1873–1938), einer der Begründer der deutschen Ethnologie, erfuhr von einem Nigerianer aus Gongola:

Ein junger Mann, der stirbt, vergeht wie das trockene Laub, das zur Erde fällt und verfault. Ein alter Mann, der stirbt, ist wie eine reife Frucht, die in die Erde fällt und wieder aufwächst. Der Mensch ist wie das Korn.[1] Schneidest du das Korn unreif ab, trocknest es und legst es in der nächsten Regenzeit in die Erde, so verfault es. Es kann nicht keimen. Schneidest du das Sorghum reif ab, trocknest es und legst es in der nächsten Regenzeit in die Erde, so wird es Wurzeln und Blätter haben, es wird heranwachsen und reife Früchte tragen. Ebenso ist der Mensch. Der junge Mensch kann nicht wiederkommen.[2] Der alte Mensch wird wiedergeboren.

Starb jemand zur *Unzeit*, das heißt eines «Schlimmen Todes», sah man den Grund dafür in einer Verfehlung, entweder des Opfers selbst oder eines nahen Angehörigen – nicht anders, als schwere Vergehen einzelner oder der Gruppe zu Mißernten führen konnten. Ein möglichst fehlloser Wandel streng nach den Regeln der Tradition war auch in Agrarkulturen besonders geboten, da sich die Menschen, um überleben zu können, wieder genötigt sahen, Jahr für Jahr ihre «Verwandten im Pflanzenkleid» *gewaltsam zu töten* und zu zermahlen, beziehungsweise zu zerstückeln und zu zerstampfen, also schwere Schuld auf sich zu laden, so daß sich die Reziprozitätsbalance in beider Verhältnis in einem kritischen Ungleichgewicht befand; jedes Mehr an Verschulden *mußte* so unmittelbar zu ernsten, existenzbedrohenden Konsequenzen führen.

Um überhaupt damit leben zu können, bedurfte man einer Erklärung, die dem Verhängnis immerhin einen gewissen *Sinn* verlieh, der die Menschen wenigstens teilweise entlastete und so die Tragödie erträglicher machte. Wie üblich bei allem von zentralem Belang mußte sich die Begründung auf ein *urzeitliches* Geschehen beziehen, in dem es in diesem Fall darum ging, wie die Menschen ursprünglich in den Besitz der Kulturpflanzen gelangt waren. Davon handelten im wesentlichen drei Mythenversionen:

(1) Die erste – und versöhnlichste von allen – berichtete, daß die Übermächte Mitleid mit dem Los der Menschen nach dem Sündenfall hatten. Eine Gottheit, ein Heros oder eine Heroine wurden entsandt, ihnen einige der damals noch allein im Himmel gedeihenden Pflanzen zu überbringen und sie in ihrem Anbau zu unterweisen.

(2) Die zweite hatte mit Mildtätigkeit bereits nichts mehr zu tun. Ihr zufolge dankten die Menschen den kostbaren Besitz einer List, schnödem Diebstahl oder auch purem Zufall. Vor allem nach südamerikanischen Mythen entdeckten sie die Pflanzen ganz unerwartet im Innern eines großen Baumes, den sie gefällt und aufgeschlagen hatten. Weiter jedoch war die Vorstellung verbreitet, daß ein Tier – meist handelt es sich um die Ratte – oder auch ein Schamane bei einem Himmelsbesuch einige Samenkörner der späteren Kulturgetreiden heimlich, *entgegen* dem ausdrücklichen Willen der Himmelsmächte, entwendeten, zwischen den Zähnen oder im Haar verbargen und so regelrecht über die Grenze zwischen Diesseits und Jenseits «schmuggelten».

(3) Bei der dritten, am weitesten, praktisch universal verbreiteten Version geht es um Mord. *De facto* handelt es sich hier um den *Begründungsmythos der «blutigen» Ernte*, wie sie dann mit der Entstehung des Bodenbaus, im Gegensatz zum bloßen, «friedlichen» Ein- und Absammeln der Nahrungsfrüchte zuvor, zwingend notwendig wurde. Die Geschichte erzählt, daß vorzeiten Gottheiten, Urheroen oder Menschen überfallartig ein Kind (Knabe oder Mädchen) göttlicher Herkunft in ihre Gewalt brachten, erschlugen und zerhieben, sein *Fleisch und Blut* teils an Ort und Stelle aßen, das übrige aber über das Land verteilten. Aus diesem, teils auch einzelnen inneren Organen, entstanden in der Folge dann die verschiedenen Kulturpflanzen. Im Falle des Zerealienursprungs wurden die Gotteskinder mit Messer oder Sichel zu Tode gebracht und zerhauen, die «Knochen» in einem

Getreidesieb geworfelt und ein Teil des «Ernteguts» zu Mehl zermahlen, bei Knollen- und Staudenpflanzen entsprechend in einem Mörser zerstampft, der andere Teil dann ausgesät beziehungsweise in den Feldern vergraben.

Starben die Pflanzen so auch Jahr für Jahr eines gewaltsamen Todes, so erstanden sie doch immer wieder aufs neue, dank eines Gnadenerweises der barmherzigen Götter, der sicherstellte, daß die Menschen auch nach dem Sündenfall und trotz all ihrer Schwächen weiterhin zu überleben vermochten. Einer wiederum annähernd universal, vor allem aber in den subtropischen und gemäßigten Klimabereichen mit ihrer klaren jahreszeitlichen Scheidung zwischen Feucht- und Trocken-, beziehungsweise Wachstums- und absterbenden Vegetationsphasen verbreiteten Vorstellung nach feierten nämlich alljährlich kurz vor Beginn der Anbausaison, zu «Neujahr», die «Welteltern» Himmel und Erde eine «Heilige Hochzeit». Dabei ergoß sich der «Same» des Vaters im Himmel in Gestalt der ersten Niederschläge im Frühjahr in den Schoß der Erdmutter, die wenig später dann mit dem «Göttlichen Kind», einer Sohnes- oder Tochtergottheit «niederkam». Diese verkörperte jeweils die wichtigsten Nahrungspflanzen, wie beispielsweise die altvorderasiatischen Korngötter Tammuz und Osiris, das «Reis-Baby» in Hinterindien und Indonesien oder das «Maismädchen» der Zuñi in New Mexico und Arizona. Und ihnen allen war eben ein tragisches Schicksal beschieden. Anders als ihre Eltern fanden sie, gerade herangereift, jedes Jahr aufs neue den Tod – von der Hand der Menschen.

Diese ebenso traurige und belastende wie aber auch Zuversicht stiftende Geschichte von den Welteltern Himmel und Erde und ihrem Kind, das noch im Jugendalter gewaltsamer Tötung zum Opfer fällt, aber dennoch alljährlich zu neuem Leben wiederaufersteht, stellt den *Zentralmythos der agrarischen Weltanschauung* dar. Er übermittelte den Menschen, die in schier unauflöslicher Verstrickung genötigt waren, sich mit der Tötung des Göttlichen Kindes Jahr für Jahr immer wieder aufs schwerste schuldig zu machen, die frohe, *erlösende* Botschaft, daß der Tod des Kindes stets nur vorübergehend währt, die göttlichen Eltern die Tötung *billigen*, ja das Kind, wie oftmals ausdrücklich überliefert wird, seinen Opfertod den notleidenden Menschen zuliebe *freiwillig* auf sich nimmt.

Dafür schuldeten diese der «Heiligen Familie» wahrlich Dank, doch nicht nur durch tägliche Gebete und Opfer allein. Man wollte den Göttern *zeigen*, daß man sich des tiefen Ernstes und der Bedeutung des Ganzen bewußt war, und drückte das alljährlich zur Erntezeit durch eine große kommunale Kultfeier aus.

Es begann mit dem Ernteanschnitt, der gewöhnlich nur von geweihter Hand – des Gruppenältesten, des für den Erdkult hauptverantwortlichen Priesters (des «Erdherren») oder des Königs – vorgenommen werden durfte. Alle, die dann danach das Erntemesser, die Sichel oder Sense ansetzten, hatten in den Tagen zuvor gefastet, Keuschheit geübt und sich auch äußerlich gründlich gereinigt. Während die «tödlichen» Streiche fielen, brachen die Schnitter gewöhnlich in lautes Wehklagen aus, schlugen sich an die Brust, weinten und jammerten auf das ergreifendste. Die ersten Körner beziehungsweise Knollenschnitzel wurden den Verstorbenen und der Erdmutter geopfert, ein Teil auf einem eigens und rituell dazu entzündeten Feuer zu einem *sakramentalen Mahl*, einer Bohnen-, Yams-, Hirse-, Reis- oder Maisbreispeise, oft auch einem Getränk (Traubensaft, Wein, Bier) angerichtet und feierlich auf dem Höhepunkt des – mehrtägigen – Festes im Beisein der Ahnen öffentlich von den Ältesten und danach in den Familien vom Haushaltsvorstand «angekostet». In Afrika wurde die Hirse für das Zeremonialbier auf gesonderten kleinen Sakralfeldern gezogen und der Sakramentaltrank in einem eigens nur dazu bestimmten Topf gebraut. In vielen Teilen Nordeuropas verbuk man das Korn der zuletzt eingebrachten Garbe zu einem Brot in Gestalt *eines kleinen Mädchens*, das dann ebenfalls in den einzelnen Haushalten gemeinsam und feierlich verzehrt wurde. Erst nach diesen rituellen «Erstfruchtmahlen» stand die Ernte zum allgemeinen Verbrauch frei.

Das Erntefest bildete den *Zentralkult* der Agrarkulturen. In ihm komprimierte und schürzte sich die leidvolle Verstrickung der Menschen und wurde gleichzeitig Jahr für Jahr durch ein umfassendes *Wenderitual* mit dem sakramentalen *Versöhnungs- und Einigungsmahl* auf dem Höhepunkt des Geschehens wieder aufgelöst. Seinem Inhalt und der Dramaturgie nach entsprach das Fest zwar dem Neujahrsritual und fiel oft auch mit ihm in eins, stellte konkret jedoch die kulturschöpferische «Urszene» der Agrarkulturen nach, um sich ihrer Konsequenzen rituell immer wieder erneut zu versichern.

Wieder begab sich das Dorf in Seklusion. Nur die eigenen Leute, keine Fremden durften zur Festzeit zugegen sein, während der die Gesellschaft eine durchgreifende *Transformation*, vom «Tod» bis zur «Wiederauferstehung», durchlief. Das alte Leben starb ab. Wie zu Anbeginn herrschte Chaos; die bestehende Ordnung löste sich auf, *verkehrte sich*, stürzte ab in diffuse Regellosigkeit. Vielfach wurden – bevorzugt *jugendliche* – Fremde, derer man außerhalb der dörflichen Gemarkung habhaft zu werden vermochte, getötet, zerstückelt, teils auch verbrannt und die Gliedmaßen beziehungsweise die Asche anschließend über die Felder verstreut, «ausgesät». Schließlich, nachdem das «Göttliche Kind» getötet und «bestattet» worden war und die Hoffnung auf seine Wiedererstehung gesichert schien, entledigte man sich rituell seiner Schuld durch umfängliche Reinigungsmaßnahmen, familiäre und öffentliche Beichten, Buß- und Sühneübungen. Die Menschen wußten sich *wiedergeboren*, «erlöst» zu erneutem, schuldfreiem Leben. Man beglückwünschte einander zum «neuen Jahr» und beschloß das Festgeschehen mit einem großen Gemeinschaftsmahl.

Den kultischen Kern des Ganzen bildete der sakrale Verzehr der Erstlingsfrüchte. Man konnte kaum leichten Herzens vom gerade getöteten Leib des Göttlichen Kindes essen. Es handelte sich um einen prekären, für das Verhältnis zwischen Göttern und Menschen äußerst sensiblen Akt, der im Grunde nur von geweihten Würdenträgern oder den Häuptern der Gemeinschaft auf streng formalisierte, *sakramentale* Weise vorgenommen werden konnte. Diese vollzogen damit im Beisein der Ahnen für die Gemeinschaft die *Eucharistie* (griechisch, wörtlich «Danksagung»), das heißt bekundeten «vor Gott und der Welt», sich der göttlichen Gnadengabe, die das Leben der Ihren auch in der Folge verbürgte, und der Verpflichtung, die allen daraus erwuchs, bewußt zu sein. Gleichzeitig stärkte der Verzehr von *Fleisch und Blut* der Kulturpflanzengottheit alljährlich aufs neue den sympathetischen Engstverbund, die *unio mystica* von Göttern, Ahnen und Menschen. «Ich bin das lebendige Brot», versicherte Jesus den zweifelnden Juden, «wer von diesem Brot essen wird, der wird leben in Ewigkeit. Und das Brot, das ich geben werde, ist mein Fleisch, welches ich geben werde für das Leben der Welt. Wahrlich, wahrlich ich sage euch: Werdet ihr nicht essen das Fleisch des Menschensohnes und trinken sein Blut, so habt ihr kein Leben in euch.» (Johannes 6:51, 53) Kraft dieses *zentralen Mysteriums der Agrarreligionen* triumphierten mit dem Gotteskind auch die Menschen über den Tod.

Leib und Blut des Göttlichen Kindes bildeten das Lebenselixier der Gruppe; nicht nur als Grundnahrungsmittel, mehr noch der besonderen *Segens- und Heilskräfte* wegen, die man beidem zusprach. Sie stärkten die Menschen nicht nur durch den täglichen Verzehr, sondern halfen ihnen auch über kritische Situationen wie vor allem Zustandswechselprozesse hinweg. Mütter setzten sich zum Beispiel mit ihren Neugeborenen im Arm auf eine Bank, unter der Getreidekörner aufgehäuft waren. Säuglinge erhielten häufig statt – oder neben – Honig, und bevor sie an die Brust gelegt wurden, als erstes eine Paste aus Yams- oder Hirsebrei auf die Lippen gestrichen. Täuflinge wurden dreimal mit frischgebackenem Brot berührt, Neuvermählte mit Reis-, Mais- oder Weizenkörnern überschüttet, wie ebenso vielfach auch Leichname vor der Grablegung.

Yamsbrei, Maniokfladen, Hirsebier, Mehlspeisen oder Brot waren nicht Nahrungsmittel wie andere. In ihnen lebte die Gottheit fort. Kinder lernten beizeiten, sie mit Respekt zu behandeln. Nichts davon sollte zu Boden fallen, achtlos verschüttet, zurückgelassen oder gar fortgeworfen werden. Es handelte sich um geheiligte Speise. Im mittelmeerischen und europäischen Volksglauben kam vor allem dem Brot eine geradezu sakrale Bedeutung zu. Der Teig mußte – oder *sollte* zumindest – stets unter Beachtung ganz bestimmter Regeln zubereitet und gebacken werden. Russischen Bauern galt Brot als Segens- und Glücksbringer. Ähnliche Annahmen herrschten aber auch in traditionellen Agrarkulturen. Bier aus unzerdrücktem Getreide enthielt nach Auffassung der Lugbara in Uganda die «Seele» des Korns noch unversehrt und blieb daher allein dem rituellen Genuß vorbehalten. Vorratskammern und freistehende Speicher, gleichsam die «Grabkammern» der Kulturpflanzengottheit, galten generell als heilige Stätten. Man sollte sie möglichst nur in reinem Zutand, oft auch barfuß, wie einen Tempel betreten. Nicht selten dienten sie als häusliche Andachtsräume und Aufbewahrungsorte für Kultgerät.

Eigentlich war auch der Genuß der Grundnahrungsmittel während der täglichen Hauptmahlzeit eine *heilige Handlung*. Gewöhnlich teilte man dabei mit den Toten, indem man ein wenig Speise und Trank am Ahnenaltar im Hof niederlegte beziehungsweise ausgoß oder dem Herdfeuer übergab. Alle hatten teil an der Kraft, die sie spendete, und der Zuversicht, die sie für das Leben, auch über den Tod hinaus, verhieß.

7. Tafelkultur

Gepflegte Manieren bei Tisch,
Festküche und Gastlichkeit

Einer allgemeinen Regel zufolge, die der deutsche Geograph und Philosoph Ernst Kapp (1808–1896) als erster benannte, strebt die technische Entwicklung kontinuierlich von ihren natürlichen Grundlagen fort. Die anfänglichen Geräte bildeten zunächst gewissermaßen noch unmittelbar aufgesetzte Prothesen der menschlichen Extremitäten: Der Speer *verlängerte* den zum Stoß vorgestreckten Arm, der gestielte Stein in der Hand *verstärkte* die Hebelkraft von Unterarm und Faust. Kapp sprach daher von «Organprojektionen». Später setzte sich der Trend etwa über Lanze, Gewehr und Geschütz bis zur Rakete, über Sichel und Sense bis zum Mähdrescher fort. Zubereitung und Aufnahme der Nahrung machen dabei keine Ausnahme. Dem Rohgenuß folgten Braten, Dünsten und Kochen, zunächst am Lagerfeuer, später in einer gesonderten Küche zubereitet und im Wohnraum verzehrt. Am Ende der Entwicklung steht die Fabrikfertigung, die uns nicht nur der «verfremdeten» Produktionsweise wegen ein gewisses Unbehagen bereitet. «*Fast Food*» ist nicht unbedingt jedermanns Sache.

Ursprünglich griffen die Menschen umstandslos mit den Händen zu. Ja sie hielten es auch Jahrtausende später noch so, in Europa bei Bessergestellten bis in die frühe Neuzeit, in abgelegeneren ländlichen Bereichen bis in die ersten Jahrzehnte des 20. Jahrhunderts hinein. Die Speisen wurden fertig in Topf oder

Pfanne aufgetragen, aus denen sich alle gemeinsam bedienten. «Aus der gleichen Schüssel zu essen», versicherten türkische Bauern dem deutschen Ethnologen Werner Schiffauer, «ist Ausdruck der Einheit der Familie.» Ebenso trank man dazu aus *einer* Kalebasse, *einem* Humpen oder Krug, die ringsum weitergereicht wurden. Topfgerichte erforderten allerdings eine gewisse Fingerfertigkeit. Man fuhr entweder mit der hohlen Hand in die Speise und warf sich das Geschöpfte mit einer raschen (und gezielten) Bewegung in den Mund, langte mit Zeigefinger und Daumen zu oder benutzte ausgehöhlte Stücke von fester Kost, namentlich aber Brotfladen – in Europa auch Teile von Pfannkuchen – als «Löffel». Begreiflicherweise durften die Gerichte nicht allzu heiß auf den Tisch kommen. In traditionellen Gesellschaften war allgemeiner als in «zivilisierten» üblich, sich sowohl vor als auch nach den Mahlzeiten die Hände zu waschen und allein die rechte, die «reine», zu benutzen. Mit der linken, die zur Intimhygiene diente, die Speisen zu berühren, galt als ebenso ungehobeltes wie anstößiges Benehmen.

Messer waren zwar schon seit dem Paläolithikum bekannt, fanden jedoch allein bei der *Zubereitung* der Speisen, nicht während des Essens selbst Verwendung. Fleisch – oder Fisch – und Gemüse wurden vorgeschnitten und mit dem Gericht verkocht. Vor allem das «heilige» Brot durfte niemals mit dem Messer geschnitten oder abgebissen, es mußte «gebrochen» werden. Muslime in Mazedonien betrachteten es als Mangel ziemlicher Frömmigkeit, «Brot mit Stahl zu verletzen». In Böhmen erklärten die Bauern noch unumwundener: «Wer in das Brot mit dem Messer sticht, der sticht den Herrn Christus.» Nur wenn man außerhalb des Hauses, beispielsweise auf der Jagd etwas aß, brauchte man sich nicht an die Form zu halten und führte das Messer mit dem Bissen unmittelbar zum Mund. Der Schnitt erfolgte dann meist vom Fleisch – oder der ausgehobenen Wurzelknolle – zum Essenden hin, was gelegentlich zu Verletzungen führte.

Gewissermaßen eine «Organprojektion» der hohlen Hand bildete der Löffel, der zunächst jedoch ebenfalls lediglich in der Küche, bei Tisch nur gelegentlich zum Ausgeben der Speise – durch den Hausherrn – Verwendung fand. Eigene Löffel, mit denen man sich aus der gemeinsamen Schüssel bediente, und Messer, in der Scheide am Gürtel, später in der Tasche getragen («Taschenmesser»), mit denen man sein Fleisch – zum Beispiel auf einem Tafelbrett – zuschnitt, kamen erst etwa ab dem Mittelalter auf. Das uns vertraute komplette Eßbesteck mit individuellen Sets aus Messer, Gabel, Suppen- und Dessertlöffel, Tellern für Suppen, Hauptgericht und Nachtisch, Trinkgefäßen und Mundtüchern folgte ab dem 16. Jahrhundert. An die Stelle der gemeinsamen Kalebassen, Schalen, Humpen, Kannen oder Krüge traten nunmehr Pokale, Glas-, Zinn- oder Silberbecher. Den Tellern waren zunächst Brotscheiben – die, getränkt mit Soßen und Fleischsaft, anschließend in Körben für Bedürftige auf die Straße gestellt wurden –, dann bemalte Holz- oder Zinnunterlagen vorausgegangen. Gabeln kamen im 17. Jahrhundert als letztes Besteckteil zum Aufspießen schlüpfriger Speisen und fester Brocken hinzu; erstmals sind sie für Venedig belegt.

Das differenziertere Gedeck erforderte einen erheblichen Mehraufwand an Arbeit. Während man früher Löffel und Messer einfach ableckte oder an der Kleidung abwischte und wieder einsteckte, mußte der Tisch nun eigens gedeckt, anschließend alles wieder abgetragen und gespült werden. Man brauchte mehr Geschirr und entsprechend Schränke zu seiner Aufbewahrung. Das machte unter Umständen Dienstboten erforderlich und bedeutete in jedem Fall einen nicht unbeachtlichen finanziellen Aufwand. Lange Zeit konnten sich daher nur Betuchtere diesen Luxus leisten. In der außereuropäischen Welt fand Tafelbesteck daher nur im begüterten städtischen Großbürgertum (bei Beamten und Kaufleuten etwa) und an den Höfen Eingang, anfangs wieder vor allem Löffel und Messer.

Hatte man sich um die Tafel versammelt, langte nicht jeder

nach freiem Gusto zu. Wie heute gewöhnlich die Hausfrau ausgibt, war das in früheren Zeiten Vorrecht des Hausherrn beziehungsweise Gastgebers. Gemeinsam essen bedeutete, daß alle das Aufgetragene *teilten*. Dem lag das vermutlich älteste Bindeprinzip des sozialen Zusammenhalts, die Verpflichtung zur *strikten Reziprozität* zugrunde: Gaben mußten durch wertadäquate Gegengaben, Leistungen durch aufwandsgemäße Gegenleistungen, Hilfe und Zuwendung durch entsprechende Solidaritäts- und Empfindungserweise vergolten werden. Und dies vor allem unter Familienmitgliedern, leicht abgeschwächt unter Verwandten.

Sei alters nämlich bildet die Familie, die Kernform sozialen Zusammenlebens, eine streng *arbeitsteilige* Institution. Männer, Frauen, Jüngere und Ältere trugen – je nach Aufgabenzuweisung, Kompetenz und Erfahrung – auf unterschiedliche Weise das Ihre zum gemeinsamen Unterhalt bei. Die Jagd war immer Domäne der Männer, während die Frauen für die Beschaffung von Wasser, Feuerholz und die Sammelkost (Insekten, Kleingetier, Pilze, Kräuter, Beeren, Wildvegetabilien, das Fischen mit Reusen) verantwortlich waren. Die Töchter halfen den Müttern, die Söhne den Vätern, teils hatten sie auch eigenständige Aufgaben wie die Betreuung des Herdenviehs. Die Älteren *organisierten* die Arbeit, nahmen religiöse und politische Führungsaufgaben wahr. In den Agrarkulturen verschoben oder überlagerten sich die Zuständigkeiten zum Teil, indem die Männer etwa die kraftaufwendigeren Feldarbeiten übernahmen, während die Frauen jäteten und die Ernte einbrachten (gewissermaßen weiterhin «sammelten»), doch blieb es im wesentlichen bei der altüberkommenen Aufteilung. *Gemeinsam* bestehen konnte man also nur, wenn alle das von ihnen Erwirtschaftete untereinander austauschten – eben *teilten*.

In traditionellen Gesellschaften galt es daher als ungehörig, etwas im Beisein anderer *allein* zu verzehren oder zu trinken. Man reichte die Schale oder Kalebasse weiter, und der Empfänger machte es ebenso, bis nichts mehr übrigblieb. Von einem erlegten Wild pflegte der Jäger, nach einem festgelegten Verteilungsschlüssel, der Verwandtschafts- beziehungsweise Status- und Rangkriterien folgte, Stücke entsprechender Güte und Größe abzugeben, bis möglichst alle in der Gemeinschaft, auch Kinder, etwas erhalten hatten, und sei es auch nur einen kleinen Bissen. Ebenso verfuhr man in Langhaus-Gesellschaften, wie beispielsweise bei den Alangan-Mangyan auf Mindoro (Philippinen), die immer mehrere, manchmal bis zu fünfzehn Familien umfaßten: Eine gab der anderen von ihren Gerichten ab, obwohl alle dasselbe aßen. Es handelte sich um Ausdruck wie Gebot der Gemeinschaftlichkeit. «Wenn einer ißt, und der andere muß zuschauen», drücken türkische Bauern das aus, «ist der Augenblick des Weltunterganges gekommen.»

Es kam indes nicht auf die Gabe, den Gestus an sich, sondern das Ganze von Geben und Nehmen an. Schon Kinder wurden dazu erzogen, nichts – ob Sammelkost oder Spielzeug – für sich zu behalten; man hielt sie an, alle in der Spielgruppe daran teilhaben zu lassen. Der russische Ethnologe Lev Jakovlevič Sternberg (1862–1927) machte bei den Giljaken am unteren Amur die Erfahrung: «Wenn man dem Hausherrn ein Gläschen Wodka anbietet, wird er sich niemals gestatten, es allein zu trinken; er nippt nur daran, um es anschließend an alle Anwesenden weiterzureichen, selbst wenn ihrer zehn an der Zahl sind, wobei er auch die Kinder, ja nicht einmal die Säuglinge ausnimmt: anders beginge er eine schwere Sünde und liefe Gefahr zu sterben.» Geeignete Anlässe, sich in der guten Sitte besonders auszuzeichnen, boten Hochzeiten, Initiationsabschlußfeiern, Bestattungen, Viehopfer oder «Schlachtfeste»: Man lud Nachbarn und Verwandte, unter Umständen das ganze Dorf dazu ein, und jeder erhielt dabei wieder seinen ganz bestimmten, gebührenden Anteil – die Höchststehenden die delikatesten Stücke und Speisen. Schickten Altaier im Südwesten Sibiriens nach einer Schlachtung den Nachbarn eine Schale mit Fleisch, kehrte diese immer mit irgendwelchen Eigenprodukten gefüllt zurück. In ländlichen Regionen Europas war dies bis vor kurzem nicht anders. Man half einander, vor allem wenn größere Aufwendungen anstanden, wie vor Hochzeiten etwa, rundum mit Brot, Eiern, Butter, Käse, Fleisch und fertigen Speisen aus. Bei Schwaben ist es teils heute noch Usus, unter Verwandten und Nachbarn das Weihnachtsgebäck («Gutsle») auszutauschen.

Teilen *verband*; es bestätigte und festigte soziale Beziehungen, glich unter Umständen auch störende Abhängigkeiten aus. Ein Europäer, der sich bei einem Eskimo für ein Stück Fleisch bedankte, erfuhr die Belehrung: «Du mußt dich dafür nicht bedanken; es ist dein gutes Recht, etwas abzubekommen. In diesem Land wünscht niemand, in der Schuld von anderen zu stehen. Darum verschenkt man weder etwas, noch empfängt man Geschenke; denn dadurch geriete man in Abhängigkeit. Mit Geschenken schafft man Sklaven, wie man mit der Peitsche Hunde abrichtet.» Sich für etwas bedanken hätte bedeutet, daß man die Großzügigkeit des Spenders in Zweifel zog und die Verpflichtung, sich irgendwann mit einer adäquaten Gegengabe zu revanchieren, in den Wind schlug; es stellte daher eine grobe Verletzung der guten Sitten dar. Nur wer besser daran war als andere, durfte sich leisten, mehr abzugeben, als er zurückerwarten konnte, ja er besaß in den Augen der Öffentlichkeit sogar die Verpflichtung dazu. Vor allem in Not Geratene sollten von allen, die dazu imstande waren, angemessen unterstützt werden – in der Annahme, daß sie eines Tages das Empfangene auf irgendeine Weise zurückerstatten würden. Geiz galt generell als Fehlverhalten der übelsten Art. Am wenigsten stand er Personen von gehobenem Status an. Wer Besitz anhäufte, ohne andere daran teilhaben zu lassen, setzte sich dem Verdacht zauberischer Machenschaften, ja der Hexerei aus.

Der stete Austausch des persönlich Erarbeiteten markierte gleich einer Leuchtspur die Knüpfmuster des sozialen Beziehungsgeflechts und die Verbundenheit aller. Das gemeinsame häusliche Mahl am Abend oder die Gruppenbankette bei dörflichen Festlichkeiten schürzten die Fäden jeweils noch einmal zu einer dichten Textur von eindrucksvoller Symbolkraft.

Dennoch teilten dabei selbst engst Verbundene nur selten die Tafel. In traditionellen und frühen Hochkulturen speisten die Geschlechter gewöhnlich *getrennt*, die Männer mit den älteren Söhnen, die Frauen mit den Kindern und erwachsenen Töchtern, bei Festen entsprechend in gesonderten Runden. Oft aßen die Männer auch überhaupt im Männerhaus, in ihrem «Klub» sozusagen. Beduinen Arabiens betrachten es noch heute als unschicklich (*aib*), würden Frauen in ihrer Gegenwart essen und trinken. Bei den alten Griechen entsprach es ganz ebenso, wie der römische Baumeister und Architekturhistoriker Vitruv (1. Jahrhundert v. Chr.) bezeugt, den guten Sitten, «daß die Frauen nicht mit zu Tische liegen» (*De architectura* VI 7, 4); religiöse Hindus folgen der Regel noch heute. Analog bestand immer auch eine *zeitliche* Distanzierung: Gewöhnlich speisten – *nach* den Ahnen, für die man zu Beginn, wie schon gesagt, immer etwas Speise und Trank dem Herdfeuer übergab oder an ihrem Altar im Hof darbrachte – die Männer zuerst; hatten sie ihre Mahlzeit beendet, trugen die Frauen ab und aßen nun ihrerseits. Nicht selten mußten sie sich dabei mit dem bescheiden, was die Herren für sie zurückgelassen hatten. Denen standen zudem die besseren – auch nahrhafteren – Bissen, zum Beispiel Delikatessen wie Knochenmark, Hirn, Leber, Eier und Süßigkeiten sowie generell Fleisch und Fisch zu. Es herrschte die Auffassung, daß dies ihnen die erforderliche Kraft und Virilität verleihe, auf die sie Anspruch hatten, um ihre Aufgaben angemessen erfüllen zu können. Anthimos, ein griechischer Hofarzt des Gotenkönigs Theoderich des Großen (ca. 453–526), belegt die Anschauung, die im übrigen teils noch im heutigen Europa fortlebt, auch für die Franken seiner Zeit. Bei ihnen stand der Genuß von rohem Speck und Fleisch aller Art besonders den Männern der gehobenen Schichten zu. Sie sahen darin einen Quell ihrer Stärke, Kampfkraft und Macht. Strafen – etwa für den Mord an einem Bischof – schlossen daher noch im 9. Jahrhundert konsequentermaßen neben dem Ablegen der Waffen auch den Entzug der Fleischversorgung ein.

Zusammen bei Tisch saßen Eltern, Kinder und Großeltern einer Familie nur äußerst selten. Am ehesten noch in Sammlerinnen- und Jägerkulturen, in denen überhaupt alles ungezwungener und weniger förmlich zuging; sonst etwa nur, wenn niemand anderer anwesend war. Heute setzt sich der neuzeitlich-europäische Usus, daß alle in der Familie die Tafel teilen, mehr und mehr auch in den Ländern der Dritten Welt, jedenfalls in den Städten, durch. Generell wächst auch im Speisebrauchtum die Formalisierung mit dem Ausmaß der Öffentlichkeit, wie etwa bei kommunalen Feierlichkeiten, wenn eben andere zusehen und vor allem nicht allein Angehörige unterschiedlicher Verwandtschafts-, sondern auch Statusgruppen enger in Kontakt miteinander geraten und es darauf ankommt, die vorgeschriebenen Distanzgebote und Regeln des Reverenzverhaltens möglichst genau einzuhalten.

Sich manierlich bei Tisch zu benehmen, hieß vor allem, *Selbstdisziplin* zu üben. Es entsprach schon immer gutem Ton, nur kleine Portionen und nicht gleich vom Besten zu nehmen, nicht *wie die Tiere* zu schlingen, also langsam und maßvoll zu essen, das heißt auf keinen Fall *Gier* zu zeigen. «Heftige Eßbegierde», heißt es in einer Anleitung zum rechten Verhalten bei Tisch von 1805, «verräth einen eigennützigen Menschen.» Ein Basler Lesebuch für Schüler von 1817, das sich über drei Seiten hin mit den «Regeln anständiger und guter Sitten» beschäftigt, mahnt gleichermaßen: «Fahre beym Essen nicht heißhungrig zuerst in die [gemeinsame!] Schüssel». Auch hüte man sich, den Arm auf den Tisch zu legen oder sich mit den Ellenbogen aufzustützen, mit schmutzigen Fingernägeln zum Essen zu kommen, die Speisen mit den Händen anzufassen «und diese hernach abzuschlecken, zu schlürfen und laut zu schmatzen». Vor allem von den Alten erwartete man, daß sie ein Beispiel gaben und sich – wie auch sonst generell – wohlgesittet, beherrscht und würdevoll verhielten.

Gierige Gefräßigkeit ging ostslawischem Volksglauben nach auf Geister, beziehungsweise den «Teufel», zurück, die unsichtbar mit zu Tisch saßen und die ihnen Verfallenen zwangen, für sie mitzuessen. «Wer sich zum Essen hinsetzt, ohne sich die Hände gewaschen und gebetet zu haben», pflegte man vormals in Rußland zu sagen, «der verzehrt dreimal mehr, als sich gehört, weil nicht er, sondern die Haus-, Wald- und andere Geister es sind, die mit ihm zusammensitzen und tafeln.»

Für die Recken der Sagenwelt wie auf Erden reisige, kraftstrotzende Krieger galten freilich Ausnahmeregeln. Der mythische Herakles wie homerische und germanische Helden «aßen», wie der große antike Philosoph, Naturgelehrte und Ethnologe Poseidonios von Apameia (ca. 135–51 v. Chr.) das nach eigener Anschauung von gestandenen Mannsleuten bei den Kelten im Süden Frankreichs beschreibt:

> Die Kelten sitzen beim Mahle auf Heulagern vor niedrigen Tischen aus Holz. Sie essen nicht viel Brot, aber viel Fleisch, in Wasser gekocht und auf Kohlen oder an Spießen gebraten. Sie genießen die Speise sonst reichlich, aber wie die Löwen [!], indem sie ganze Stücke und Glieder mit den Händen fassen und abbeißen; nur wenn die Zähne versagen, nehmen sie ein kurzes Messer zu Hilfe, das an der Schwertscheide in einem besonderen Futteral steckt [...] Das Getränk der Reichen ist Wein, der aus Italien oder Massilia [dem heutigen Marseille] kommt; man trinkt ihn aber unvermischt oder setzt, gelegentlich, nur wenig Wasser zu [...] Diesem Trunk sind sie über die Maßen ergeben [...] und trinken in ihrer Gier so reichlich, daß sie infolge des Rausches in Schlaf oder wahnsinnsähnliche Zustände verfallen [...] Auch geschieht es bei ihren Gelagen oft, daß sie um irgendeines unbedeutenden Anlasses willen in Wortstreit geraten, der bis zur Herausforderung und zum Zweikampf führt.

Auch Polybios (ca. 200–120 v. Chr.) erwähnt bereits ihre «maßlose Trunkliebe und Völlerei» (I 19). Die Griechen betrachteten derartige Grobschlächtigkeiten ihrer ferneren Nachbarn im Nordwesten Europas als typischen Ausdruck ihrer Barbarei. Der berühmte Komödiendichter Aristophanes (ca. 445–386 v. Chr.) spöttelte zum Beispiel: «Die Barbaren halten dich nur dann für einen Mann, wenn du fähig bist, einen ganzen Berg zu verspeisen» – für den gesitteten Griechen ein Beispiel wilder Unmäßigkeit.

Bei Gelagen dieser Art, ob unter Helden göttlicher Abkunft oder adligen Kämpfern, ging es vermutlich recht laut und nicht allzu reinlich zu. Gewöhnlichen Sterblichen und friedlichen Bauern traditioneller Dorfgesellschaften dagegen galt mangelnde Tafelhygiene, namentlich Kleckern, als ebenso unschicklich wie allzu geräuschvolles Essen oder gar die Disziplinlosigkeit, gewisse unappetitliche Laute, ob aus dem Mund oder sonstwoher, hörbar werden zu lassen. Auch sollten Jüngere nicht vor Älteren nehmen. Ehe man selber zugriff, forderte man seinen Nachbarn auf, sich zu bedienen. Mit den Delikatessen wartete man bis zum Schluß – eine Regel, die in den Hochkulturen in der Gepflogenheit fortlebte, die erleseneren Speisen sowie später bestimmte Genußmittel (Kaffee, Cognac, Zigarren, Konfekt) erst zum Nachtisch zu reichen. Entgegen den bekannten Thesen des Soziologen Norbert Elias (1897–1990), der sichtlich nur über eine sehr begrenzte kulturgeschichtliche Breitenkenntnis verfügte, sind die Grundregeln kultivierten Benehmens, bei Tisch wie auch sonst, sehr viel älter, als die eurozentrische Selbstnobilitierung wahrhaben will; sie reichen bis tief in die traditionellen, ländlich-vorhochkulturlichen Dorfkulturen zurück. Manches davon, wie Tafelhygiene, Selbstzucht und Zurückhaltung den Mitspeisenden gegenüber, ging ganz im Gegenteil in der europäischen Neuzeit eher verloren. Wenn Erasmus von Rotterdam (1466–1536) in seiner «Tischzucht» *De civilitate morum puerilium* von 1530 unter anderem forderte, «man suche nicht in der ganzen Platte, wie es Genüßlinge zu tun pflegen, sondern nehme das, was zufällig gerade vor einem liegt», oder «fasse nicht als erster auf die Platte, die man gerade bringt, weil es gierig erscheint», ist darin wohl weniger, wie Elias meint, der *Beginn* zivilisierten Verhaltens bei Tisch als vielmehr der Versuch zu sehen, die guten alten *klassischen* Tugenden wieder ins Bewußtsein zu rücken.

Dazu gehörte auch, daß man zumindest die Hauptmahlzeit möglichst schweigend einnahm. Es handelte sich um einen Sakralakt. Die Ahnen, denen man, wie erwähnt, ihren Teil zuvor als Opfergabe dargebracht hatte, speisten mit, zum andern aß man vom Leib der getöteten Nahrungspflanzengottheit. Ferner war weithin verpönt, andere, namentlich Ältere und Höherrangige beim Essen zu stören oder ihnen dabei zuzusehen, und zwar gleich aus mehreren Gründen. Zum einen galt es generell als unschicklich, die Privatsphäre anderer zu verletzen. Ferner konnte die Aufdringlichkeit so gedeutet werden, als wolle man an der Mahlzeit teilhaben; man *nötigte* die Familie also, der Reziprozitätsregel zu folgen und einen einzuladen. Schließlich spielte immer auch der Glaube eine Rolle, daß Hinzutretende Neid empfinden könnten, dessen zersetzende Kraft mit dem Blick ausstrahlte und die Speisen «vergiftete». Noch Ende des 19. Jahrhunderts konnten Reisende bei Bauern in Oberösterreich die Beobachtung machen, daß alle, wenn man gerade zur Essenszeit die Stube betrat, «auffällig die Eßgeräte aus der Hand legen, weil sie Angst haben, man könne ihnen den Bissen ‹in die Seele hinein verneiden›». Allgemein waren besonders Hungrige gefürchtet. In Marokko meinte man, in Gegenwart eines Anwesenden mit leerem Magen etwas zu sich zu nehmen, komme auf das gleiche hinaus, als wenn man Gift schlucke. Wohl aus diesem Grund bangten Sardinier besonders, wenn der Blick eines Gelehrten auf ihr Essen fiel. Wer in Ländern des Nahen Ostens oder der Dritten Welt unterwegs ist, kann selbst im Zug erleben, daß sich Mitreisende, sobald man Anstalten trifft, einen Imbiß einzunehmen, diskret zurückziehen, um einem nicht Anlaß zu der Befürchtung zu geben, das Essen könne ihm gewissermaßen den Magen umdrehen. Ebenso wird von einem selbst erwartet, daß man im entsprechenden Fall das Abteil verläßt. Herrscher, denen in traditionellen Königtümern vielfach sakrale Bedeutung zukam, weil man in ihnen die Lebens- und «Heilskraft» des Volkes in höchstem Maße konzentriert glaubte und ihre Person deshalb, um der Wohlfahrt aller willen, immer besonderen Schutzes bedurfte, schirmten sich vor möglichen magischen Beeinträchtigungen ihrer Gesundheit und Vitalität ab, indem sie ihre Mahlzeiten in strenger Abgeschiedenheit zu sich nahmen. Trank ein König in Gegenwart seiner Frauen und Höflinge, schlugen diese sofort die Hände vor das Gesicht. Schickte er sich in der Öffentlichkeit an zu trinken, hatten sich alle Anwesenden zu Boden zu werfen oder abzuwenden. Wurde ihm die Kalebasse oder Schale von einem Bediensteten gereicht, wandte dieser dabei Körper und Kopf ab und reichte dem Herrscher das Gefäß rücklings zu.

Anders als bei den Tieren, von deren purer Animalität man sich deutlich abzuheben bemüht war, kam bei den Menschen immer *erst* die Moral, dann das «Fressen».

Anders als Tiere ließen Menschen auch Fremde zu ihrer Tafel zu, allerdings nur in den engen Schranken der *Gastetikette.* Denn da man mit diesen dabei nicht nur in unmittelbaren Kontakt geriet, sondern sie unter Umständen auch Eingang in die Privatsphäre der Familie fanden, war Vorsicht geboten und verlief die Aufnahme stets auf eine – in den Grundzügen weltweit übereinstimmende – spezifisch ritualisierte, das heißt streng *formalisierte* Weise. Noch wenig Aufhebens machten die Eskimo damit. Im Kern ging es darum, mit dem Gast zu essen. Also luden ihn alle reihum ein. Wann immer Knud Rasmussen (1879–1933) ein Lager besuchte, wurde er gleich nach seiner Ankunft von jeder Familie genötigt, bei ihr einzukehren und sich mit roher Walroßleber traktieren zu lassen. Oft brauchte er Tage, um sich von diesem Entgegenkommen zu erholen. Deutlich differenzierter verlief das Aufnahmeritual bei seßhaften, agrarischen Gesellschaften. Hier empfing der Hausherr den Besucher bereits vor der Tür und begrüßte ihn mit bestimmten standardisierten Floskeln, die dieser mit entsprechenden Wendungen zu erwidern hatte, so daß sich ein mitunter minutenlanger Dialog entspann, begleitet auf beiden Seiten von ebenso festgelegten gestischen Ehrenbekundungen. Junge Männer reichten dem Gast dann Wasser zum Händewaschen oder übernahmen das selbst und wuschen ihm verschiedentlich auch die Füße, man räucherte ihn zur Reinigung ein und ließ ihn ein Bad nehmen, um ihm anschließend neue – gruppeneigene – Kleider zu reichen. Falls Bier nicht gerade verfügbar war, bot man ihm als erstes einen Schluck Wasser an. Bei den Igbo in Nigeria brach der Wirt eine Kolanuß in so viele Teile, als Gäste gekommen waren, und sprach ein Gebet, worauf alle ihr Stück verzehrten. Darauf geleitete man den Besucher entweder ins Haus oder in eine eigene Unterkunft für Gäste, wie sie fast alle traditionellen Gesellschaften kannten, oft auch ins Männerhaus oder eine bestimmte Hütte im Gehöft des Gruppenältesten. Dort wies man ihm dann einen Ehrenplatz zu, worauf das Einführungsritual seinen krönenden Abschluß in einem festlichen Gastmahl fand. Frauen blieben in der Regel davon ausgeschlossen; sie nahmen sich gegebenenfalls der weiblichen Begleitung der Besucher an. Aufzutragen, zu bedienen und abschließend wieder abzuräumen war Aufgabe der Söhne des Hauses.

Der Empfang bis zum Abschluß des gemeinsamen Mahls entsprach einem *Adoptionsritual*. Wer zusammen ißt, gehört zur Familie. Der Gast war zum Quasi-Verwandten geworden. Jetzt erst war es daher auch üblich, ihm Fragen zu stellen – nach seinem Namen, seiner Herkunft, dem Ziel seiner Reise usw. Auch konnte er, als «jüngerer Bruder» des Gastherrn, wie er oft begriffen wurde, von niemandem aus seinem neuen Familienkreis mehr getötet werden. Beging er seinerseits ein Unrecht, mußte sein «älterer Bruder» für ihn haften; starb er während des Gastaufenthalts, trat dieser sein Erbe an; widerfuhr ihm ein Ungemach an Leib und Leben, hatte der Wirt ihn zu rächen. Sein Schutz besaß immer Vorrang vor dem der eigenen, blutsmäßigen Angehörigen – selbst dann noch, wenn er einen von ihnen getötet hatte. Ein Skipetare (Albanien) vermied es daher, Brot mit jemandem zu brechen, mit dem er in Blutshändel verwickelt war, weil er dann seine Hand weder gegen ihn noch einen seiner Angehörigen hätte erheben können.

Die besondere Behandlung des Gastes stellt an sich ein Problem dar; denn eigentlich mied man Kontakte mit Fremden; ihnen gar Ehren zu erweisen, scheint vollends nicht recht ins Bild zu passen. Es gibt jedoch eine plausible Erklärung. Weltweit begegnet die Vorstellung, daß unbekannte Besucher *Abgesandte der Ahnen*, ja *Götter* sein könnten. Insofern empfahl sich, ihnen nur Gutes angedeihen zu lassen, um unter Umständen dafür gesegnet zu werden, sich aber auf keinen Fall ihren Unmut zuzuziehen.

Für beides lieferten zudem die sogenannten «Einkehrmythen» ebenso ermutigende wie abschreckende Beispiele. Einer altgriechischen Überlieferung nach lebte einst ein armer Bauer und Bienenzüchter namens Hyrieus («Imker»), der gelobt hatte, keine Kinder zu zeugen. Als er alt und kraftlos geworden war, reute ihn das. Da kehrten eines Tages zwei Männer bei ihm ein, die er freundlich aufnahm und gastlich bewirtete. Nachdem sie gegessen hatten, fragten sie ihn, was er sich am meisten im Leben wünsche. Seufzend entgegnete er, am teuersten wäre ihm ein Sohn, doch sei es dazu nun zu spät. Daraufhin rieten ihm seine Besucher, die in Wahrheit die Götter Zeus und Hermes waren, einen Stier zu opfern, ihm die Haut abzuziehen, sein Wasser darauf abzuschlagen und das benetzte Fell seiner Frau ins Grab zu legen. Nach neun Monaten wurde dem Greis – auf welche Weise genau, verschweigt die Erzählung – tatsächlich ein Sohn geboren, den er «Urion» (Orion) nannte, «der, der Wasser läßt».

Das erinnert an die Legende von Abraham und Sara, von der im 1. Buch Mose, Kapitel 18, berichtet wird. Eines Tages zur Mittagszeit saß der Patriarch vor der Tür seiner Hütte im Haine Mamre (beim heutigen Hebron), um in der Hitze ein wenig auszuruhen. Mit einem Mal sah er, schläfrig seine Augen öffnend, drei Männer vor sich stehen. Auf der Stelle erhob er sich und bat sie, seine Gäste zu sein. Er ließ ihnen die Füße waschen und im Schatten unter einem Baum Kalbsbraten, Brot, Butter und Milch auftragen. Einer der Gäste, dem Text nach kein Geringerer als Gott selbst, verhieß ihm darauf für das kommende Jahr die Geburt Isaaks. Die beiden anderen zogen weiter nach Sodom und trafen dort auf Lot, ebenfalls vor der Tür seiner Hütte sitzend. Auch er bat sie zu sich herein, ließ ihnen die Füße waschen und bewirtete sie fürstlich. Seine Nachbarn indes schöpften Verdacht wegen der Fremden und forderten ihn auf, sie herauszugeben. Lot aber achtete das Gastrecht. Um seine Besucher nicht zu gefährden, bot er den mißtrauischen Männern draußen seine beiden Töchter an – «und tut mit ihnen, was euch gefällt; allein diesen Männern tut nichts, denn darum sind sie unter den Schatten meines Daches eingegangen.» Doch der inzwischen bedrohlich angewachsene Haufe wollte nichts von dem Handel wissen und schickte sich an, gewaltsam ins Haus einzudringen. Da schlugen die beiden Gäste, in Wahrheit «Engel des Herrn», die Angreifer mit Blindheit und schläferten sie halbwegs ein, so daß sie, ziellos herumtaumelnd, zu nichts mehr imstande waren. Lot und seine Angehörigen aber führten sie tags darauf aus der Stadt hinaus auf einen Berg, so daß sie mitansehen konnten, wie Sodom und Gomorra in Schutt und Asche versanken, und als einzige die Katastrophe überlebten (1. Mose 19).

Das wiederum erinnert an die altgriechische Erzählung von Philemon und Baukis, einem greisen phrygischen Ehepaar, das als einziges im Dorf zwei Fremde in seiner Hütte aufnahm, sein bescheidenes Abendmahl mit ihnen teilte und ihnen Obdach gewährte. Am folgenden Tag gaben sich die Besucher als Zeus und Hermes zu erkennen und führten die Alten aus dem Dorf hinaus auf einen nahen Berg, von wo aus sie mitansehen konnten, wie die Ortschaft samt ihrer Umgebung der Ungastlichkeit ihrer Bewohner wegen von einer Flutkatastrophe verwüstet wurde, von der allein ihre Hütte verschont blieb, ja die Götter verwandelten sie in einen prachtvollen Tempel, in dem das Paar fortan die priesterlichen Dienste versah.

Offensichtlich hängt mit den Einkehrmythen auch die sogenannte «Gastprostitution» zusammen, ein alter, weitverbreiteter Brauch, der anders nur schwer erklärbar erscheint. Gemeint ist die Sitte, fremden männlichen Besuchern, denen man Gastrecht gewährt, die erwachsenen Töchter, ja selbst die Ehefrauen des Gastgebers zum Beischlaf anzutragen. Wie der kulturelle Kontext der Berichte erkennen läßt, erhoffte man sich davon sowohl eine Stärkung der familiären Fruchtbarkeitskräfte als auch speziell *Nachwuchs* gleichsam von göttlichen Gnaden.

In jüngerer Zeit machte man nur mehr in entlegeneren Gegenden von der Sitte Gebrauch. Viel Zeit blieb ohnehin nicht dafür. Die Gastfreundschaft war gewöhnlich auf maximal drei Tage (und Nächte) beschränkt – der üblichen Frist für Aufenthalte der Abgeschiedenen und Götter auf Erden und Lebender in der Totenwelt. Danach verabschiedete man seine Besucher. Sie erhielten noch Wegzehrung, oft auch ein Geschenk und wurden vom Gastherrn bis zum Gehöfttor oder ans Ende der Siedlung, von seinen Söhnen weiter bis zur Territoriumsgrenze geleitet. Damit erlosch das Gastrecht.

Regelmäßig glaubte man demgegenüber Ahnen und Götter bei den großen Festlichkeiten während der Wendezeiten «zwischen den Jahren» beziehungsweise Jahreszeiten zugegen. Darum opferte man ihnen auch dann immer besonders reichlich und tischte ihnen vom Besten, also vor allem Fleisch, und noch andere Festspeisen auf. Das gemeinsame Tafeln folgte wieder nur den Regeln des Gabentauschs: Die Menschen erwiderten damit die Segnungen der Ahnen und Götter im abgelaufenen Jahr und verpflichteten sie gleichzeitig, sich auch im kommenden gnädig zu zeigen – ganz im Sinne des christlichen Tischgebets: «Komm, Herr Jesu, und sei unser Gast und segne, was du uns bescheret hast.» Deshalb opferte man auch gewöhnlich nur Haustiere, das heißt gab von dem, was man *selber erwirtschaftet* hatte.

Wie seit Jägerzeiten üblich, war es Sache der Männer, die Tiere zu schlachten und das Fleisch für die Tafel zuzubereiten. Angesichts der hohen Gäste und der Gaben, die man von ihnen empfangen hatte, wäre Sparsamkeit fehl am Platze gewesen. Sofern das die Umstände immer erlaubten, ging es bei den großen Jahresfesten hoch her. Man tafelte und zechte buchstäblich bis zum Erbrechen. An nichts durfte Mangel herrschen, sonst hätten sich im kommenden Jahr auch die Ahnen und Götter zurückhalten können. Neben dem Fleisch – auf Neuguinea wurden dabei Unmengen von Schweinefleisch vertilgt – gab es oft spezielle Gerichte und besondere Delikatessen, die nur zu Festen aufgetischt wurden: verfeinerte Alltagskost mit erlesenen Zutaten, Gebackenes aller Art und vor allem vielerlei Süßspeisen.

Reste des alten Brauchtums lebten in Europa bis vor kurzem, in manchen, entlegeneren ländlichen Gebieten bis heute, in dem Herkommen fort, zu den einzelnen Festen jeweils bestimmte Gerichte und Backwaren, oft in sogenannten «Gebildformen», zu genießen – vor allem an Gründonnerstag (Kräutersuppen, Maultaschen in Schwaben) und Karfreitag (Fischgerichte), zu Ostern (Lammbraten, Eier), St. Johannis, Allerseelen, Neujahr (Krapfen), zum Dreikönigsfest (z. B. Brei, Klöße und Krapfen), an Fastnacht (Krapfen) und Weihnachten (Fischgerichte, Enten- und Gänsebraten, Schweinskopf in England, Stollen, Honig- und Lebkuchen, Früchtebrot). Fast alle gehen auf ursprüngliche Opferspeisen zurück.

In weiten Teilen Europas forderten die Toten überdies zum

Abschied in Gestalt der «Weihnachtsgänger», «Sternsinger» (Dreikönigsfest) oder «Heischebuben» ihre Wegzehrung auch regelrecht ein. Singend zogen sie durch die Straßen, klopften an jede Tür und nahmen Gebäck, Obst, Nüsse und Süßigkeiten entgegen. Gab jemand wenig, wurde ihm übel mitgespielt.

8. Das Herrenmahl

Gemeinsam essen und trinken verbindet bis über den Tod hinaus

Feste bildeten kommunale Reintegrationsrituale. Lebende, Tote und Götter zelebrierten ihre Alleinigkeit jährlich aufs neue durch die gemeinsame Feier, den Kult und das zentrale Mahl. Alle erfuhren sich als eine einzige große Gemeinschaft und versicherten sich durch die Teilnahme ihrer Hilfsbereitschaft und Solidarität.

Immer wieder liefen jedoch auch institutionalisierte, stabile Beziehungen Gefahr, in Erschütterung zu geraten und zu reißen. Wie bei Übergangszeiten gleichsam ein Vakuum zwischen den Bogenphasen des Jahres entstand, traten auch an biographischen Wendepunkten jeweils zwei Lebensabschnitte kurzfristig auseinander, wurde die Kontinuität des Verlaufs unterbrochen, so daß sich «dunkler» Raum für unwägbare Einwirkungen mit «abwegigen» Entwicklungskonsequenzen auftat, dem es daher durch rituelle Kontrollmaßnahmen zu begegnen galt. Derartige kritische Momente stellten alle einschneidenden Zustands- beziehungsweise Statuswechselprozesse dar – namentlich etwa Erstgeburten, wenn sich nicht nur eine Ahnenseele erneut unter den Ihren inkarnierte, sondern auch Jungvermählte zu Eltern wurden, die Pubertät mit dem Wechsel ins Erwachsenendasein, Hochzeiten, durch die über die Brautleute zwei verschiedene Verwandtschaftsgruppen dauerhaft in Kontakt miteinander traten, und schließlich der Tod, wenn die Seele eines

Lebenden sich anschickte, den Gang ins Totenreich anzutreten und Verwitwete und Trauernde zurückließ. Sicher geleitet von den entsprechenden Geburts-, Initiations-, Hochzeits- und Beisetzungsritualen, einte zum Schluß die Angehörigen und die durch den Daseinswandel kurz- oder mittelfristig Abgesonderten und nunmehr «Neugeborenen» stets ein gemeinsames Festmahl – das biographische Analogon zum kommunalen Neujahrsbankett.

Mit beidem wurden Bindungen während kritischer Überdehnungsphasen nicht nur an sich, sondern durch stete Wiederholung – das magische Prinzip der Iteration – noch zusätzlich gefestigt: Was immer wieder auf die gleiche Weise geschieht, schleift oder schraubt sich vermeintlich nur um so tiefer ein. Darauf baut auch ritualisierte Erinnerung auf. Feste zur jährlichen, fünfzig-, hundertjährigen usw. Wiederkehr von Geburt und Tod großer historischer Persönlichkeiten und von bedeutsamen Ereignissen, kirchliche Feiertage zum Gedenken an Heilige und wichtige Etappen der Heilsgeschichte, Jubiläen und Gedächtnisfeiern beliebiger anderer Art rufen Geschehenes *periodisch* ins Gedächtnis zurück, um es «auf Kreiskurs» zu halten, so daß es nicht in die Vergessenheit «abdriften» kann. Und abermals steht dabei nahezu ausnahmslos ein *Gemeinschaftsmahl* im Zentrum der Feierlichkeiten. Wer nicht vergessen werden soll, muß auch weiterhin, wenngleich nur gedacht, mit zu Tisch sitzen; was eine Gruppe wert dünkt, in der Erinnerung lebendig erhalten zu werden, dessen versichert man sich, indem man seiner *gemeinsam mahlend* gedenkt und es kraft dieses uralten Elementarrituals zur Stärkung von Verbund wie Verbindlichkeit durch *Zyklisierung* der Zeit entzieht. Bischof Konrad der Heilige von Konstanz (starb 975), der sein ererbtes Vermögen, teils auch seine Einkünfte, neben dem Bau von Kirchen und Hospitälern bevorzugt auch zur Errichtung und Ausstattung von Klöstern verwandte, da er eine besondere Neigung zum mönchischen Leben besaß, pflegte mehrmals im Jahr gemeinsam mit Ordensbrüdern zu speisen, um seiner Verbundenheit mit ihnen Ausdruck zu verleihen. Dazu trat er zunächst mit dem Glas in der Hand in die Mitte des Refektoriums, bat den Abt, anschließend alle, mit ihm zu trinken, küßte sie und speiste mit ihnen. Nach seinem Ableben sollten die Mönche alljährlich zu seinem Todestag ein großes Gedenkmahl halten. Er wünschte sich den Erhalt der Verbundenheit auch über den Tod hinaus – wie es gutem alten heidnischen Brauch entsprach, von dem auch die Christen nicht lassen mochten. Allerdings lag der Kirche daran, daß es dabei nicht allzu hoch herging, vor allem, wenn es die Geistlichkeit betraf. Erlasse geboten, daß sich sowohl Mönche als auch Priester bei Toten- und Heiligengedenkfesten unterstehen sollten, des Guten zu viel zu tun und sich toll und voll zu trinken. Auch war untersagt, andere zum Trinken zu zwingen, «Dämonenmasken» aufzusetzen, frivole Geschichten und Lieder zum besten zu geben und sich mit liederlichen Tänzerinnen einzulassen – offensichtlich bestand gediegener Anlaß zu derartigen Maßhalteappellen.

Wer sein Brot mit einem anderen teilte, war nicht unbedingt ein Genießer, wurde aber zu seinem «Genossen»: Beide Wörter sind etymologisch miteinander verwandt. Im Gotischen entsprach dem *gahlaiba*, althochdeutsch *gileibo*, «jemand, der vom gleichen Laib Brot ißt», später ersetzt durch das altfranzösische Lehnwort *compain*, das auf vulgärlateinisch *companio*, ein Kompositum aus *cum/com*, «zusammen mit», und *panis*, «Brot», zurückgeht, also wörtlich «Brotgenosse» bedeutet und sich im Mittelhochdeutschen dann abschliff zu *kumpan*, aus dem zuletzt in der Bergmann- und Soldatensprache das vertrauliche «Kumpel» wurde.

Grund zu verläßlicher Kumpanei oder «Verbrüderung» bestand ganz besonders, wenn aus Fremden, beruflichen Rivalen oder gar Feinden Freunde und Geschäftspartner wurden. Um nach der Bereinigung persönlicher Zwistigkeiten, Blutfehden oder unwillkommener Konkurrenzverhältnisse die neue Einigkeit zu besiegeln und sich rituell ihrer Unverbrüchlichkeit zu versichern, gab es kein probateres Mittel, als *gemeinsam zu essen und zu trinken*. In türkischen und iranischen Basaren wurde man zumindest früher, als der Tourismus noch nicht so florierte, nach einem – größeren – Einkauf vom Geschäftsinhaber zu einem Glas Tee eingeladen. Während einer Verbrüderungsmahlzeit – beziehungsweise der geschäftlichen und diplomatischen «Arbeitsessen» – trank man einander immer wieder zu und beschwor Bestand und Gedeihen des Bundes mit magischen Trinkspruchformeln. Der Brauch erfreut sich bekanntlich auch heute noch allgemeiner Beliebtheit. Unter der Hand kommen Geschäftspartner, wie man gelegentlich hört, neben Cocktails, Lunch oder Dinner oft auch noch in den Genuß diskreterer Aufmerksamkeiten in Form von finanziellen Zuwendungen und «Hostessen», die ihnen gewissermaßen zur Hand gehen.

In traditionellen Gesellschaften krönten Friedenszeremonien ein feierliches Bankett der versöhnten Parteien. Bei den Sema Naga in Assam wählte man dazu einen geeigneten Platz im beiderseitigen Grenzbereich aus. Anschließend wurden umfangreiche gastronomische Zurüstungen getroffen. Man schlachtete Geflügel und Schweine, richtete Reis und Gemüse an und braute vor allem kesselweise Reisbier. Am festgesetzten Tag trugen die Männer beider Seiten – Frauen waren von der Feier ausgeschlossen – alles zusammen und bezogen in einem gewissen Abstand voneinander Aufstellung, die «Offiziere» und Dorfoberhäupter einen Schritt vor ihren Mannschaften. Darauf traten zwei Priester beider Parteien, die von Amts wegen für die *Bestattungszeremonien* zuständig waren, aufeinander zu und entzündeten auf rituelle Weise ein Feuer, das mit Holz unterhalten wurde, das Männer beider Seiten gesammelt und zusammengetragen hatten. Darin verbrannte man Gänsefuß (*Chenopodium murale*), der seit alters weltweit als Spinatgemüse, Getreidelieferant und Heilpflanze Verwendung findet und seines Ölgehalts wegen einen beißenden Qualm entwikkelt, der hier der Reinigung dienen sollte. Dann erst *tauschten* die Parteien ihre Speisen *aus*, alle legten ihre Waffen ab, und man begann zu tafeln und zu trinken, wobei jeder sich in Gedanken fest auf die angestrebte Versöhnung konzentrieren mußte. Nach Beendigung des Mahls galt der Friede als besiegelt.

Ähnlich geschah es überall und auch unter Adeligen des europäischen Hochmittelalters. Graf Balderich im Drenthegau und der Billunger Graf Wichmann III. hatten einander Ende des Jahres 1015 nach langer Fehde endlich Frieden und Freundschaft geschworen, jeder im Beisein von zwölf Zeugen. Dennoch glaubte man wohl der neuen Eintracht nicht vollends trauen zu können, bis sie nicht durch ein gemeinsames Festmahl besiegelt war. Balderich lud daher wenig später seinen langjährigen Kontrahenten zu einem üppigen Gelage auf seinen Herrensitz ein und söhnte sich so, wie die Quellen berichten, erst zur Gänze mit ihm aus.

In städtischen, beruflich, ständisch und rangmäßig differenzierteren, komplexen Gesellschaften, in denen die Identitäten sich zu verwischen und diffus zu werden drohen, herrschte seit alters unter den verschiedenen Sozialgruppen das Bemühen, durch geschlossenes Siedeln in bestimmten Straßen und Vierteln, eigene Trachten, Brauchtum, Umgangsformen, Endogamie usw. mehr an Profil zu gewinnen und die eigene Identität, sei es als Färber, Goldschmiede, Tuchhändler, Adelige oder Priester, zu behaupten. Und wieder zählten auch hier zu den wichtigsten Integrations- und Bindemechanismen periodische Gemeinschaftsmahle. Römische Adelige luden einander gegenseitig zu häuslichen Tafelrunden ein, bei denen auch – wohl nach dem Vorbild der Etrusker, die es ebenso gehalten hatten – die Frauen zugegen waren. In der Regel brachte man zunächst ein Opfer für Ahnen oder Götter dar, weshalb Anlaß zu der Vermutung besteht, daß die Bankette überhaupt aus ursprünglichen Opfermahlzeiten hervorgegangen waren. Jedenfalls fehlte es dabei an nichts. Eine Familie suchte die andere auszustechen, bis schließlich die Obrigkeit einschritt und «Anti-Luxus-Gesetze» erließ, die genau vorschrieben, was und wieviel bei den Adelsgastmählern gegessen und getrunken werden durfte.

Die Priesterkollegien, die der gleichen Sitte frönten, scheinen davon ausgenommen gewesen zu sein. Ihre *cenae sacerdotales* zählten zu den wenigen Fällen *legaler* Völlerei und bildeten beste Voraussetzungen zu kulinarischen Innovationen. Der Politiker (Konsul), Historiker und stadtbekannte Schlemmer Lucius Licinius Lucullus (1. Jahrhundert v. Chr.), einer der reichsten Männer des damaligen Rom, war nicht von ungefähr auch Mitglied des priesterlichen Kollegiums der Auguren, deren besondere Spezialität erlesene Fischgerichte waren; jeder besaß seine eigenen Teiche und Zuchten, Lucullus, der Fisch auch persönlich besonders schätzte, nicht ausgenommen. Macrobius (um 400 n. Chr.), hoher römischer Staatsbeamter und gleichzeitig angesehener kulturhistorisch versierter Philosoph, hat die Speisenfolge eines priesterlichen Gastmahls überliefert. Sie setzte sich aus den folgenden Gerichten zusammen:

> Vor dem Hauptgang Seeigel, rohe Austern (soviel jeder wollte),[3] Riesenmuscheln, Muscheln, Drosseln unter Spargel, gemästete Hühnchen, eine Schüssel mit Austern und Riesenmuscheln, schwarze Eicheln, weiße Eicheln; wiederum Muscheln, Venusmuscheln, Brennesseln, zwei Sorten Purpurschnecken. Im Hauptgang Schweinseuter, Kopfstück vom Eber, eine Schüssel Fische, eine Schüssel Euter, gesottene Krikenten, Hasen, gebackenes Mastgeflügel, Haferschleim und Picenter-Brot. (*Saturnalien* III 13, 12)

Natürlich überstand man ein derartiges Menu nur, indem man sich zwischendurch immer wieder Erleichterung und Platz für die Folgegänge mit der berühmten Feder an einer eigens dazu vorgesehenen Stelle (im *vomitorium*) verschaffte, also regelmäßig degobilierte.

Auch in Zünften und Gilden, die sich bereits früh in den Städten der altorientalischen Hochkulturen herausgebildet hatten und weiterhin in der griechisch-römischen Antike, in Byzanz und im islamischen wie europäischen Mittelalter Handwerk und Handel beherrschten, hielt man zur Pflege und Stärkung des Zusammenhalts und der Berufsgruppenidentität mehrmals jährlich Gemeinschaftsmahle ab. Da sie eigenen Schutzgottheiten beziehungsweise später bestimmten Heiligen unterstanden, hatte ihr Reglement vieles mit dem der antiken Mysterien- und Kultgenossenschaften gemein. Gleich diesen breiteten sie aus Abgrenzungsgründen über ihr Innenleben – wie später analog auch bei den verwandten Logen üblich – gern den Mantel der Verschwiegenheit, so daß nicht viel davon nach außen drang. Von den Zusammenkünften der mittelalterlichen Gilden wissen Zeitzeugen immerhin zu berichten, daß man bereits am frühen Morgen mit dem Tafeln begann und sich dabei «in gleichsam feierlicher Weise» (*quasi solemniter*) betrank. Wer es hierin anderen zuvortat und sie dazu brachte, häufiger, als ihrer Neigung entsprach, zum Becher zu greifen, machte sich besonders verdient. Bevorzugte Anlässe zu derartigen Gelagen boten ebenso hohe kirchliche Feiertage wie der Abschluß eines internen Gerichtsverfahrens. Der Schuldige hatte zur Buße gewisse Mengen an Bier und Honig (zum Metbrauen) zu zahlen; die Sühne und der wiedergewonnene Frieden wurden dann «abgetrunken».

Während üppiges Essen träge macht und ermüdet, kann der Genuß zumindest «geistiger» Getränke – wenn auch nur eine gewisse Zeitlang – die Gedanken beflügeln. In vielen früheren Kulturen bediente man sich daher dieses ebenso anmutenden wie zweckdienlichen Mittels nicht nur zur Pflege der Geselligkeit, sondern auch bei Ratsversammlungen, wenn es galt, wichtige Entscheidungen zu fällen. In traditionellen Dorfgesellschaften wären Sitzungen der Ältesten, bei denen es um Organisationsfragen, Planungen oder Rechtsprechung ging, ohne gehörige Mengen an Bier (oder Palmwein) ein Ding der Unmöglichkeit gewesen. Es muß hier allerdings an das schon früher Gesagte erinnert werden, daß der Alkoholgehalt der Getränke geringer als bei den heutigen Europäern vertrauten Weinen und Bieren war. Der Stimulierungseffekt blieb also

wirksam, ohne den kritischen Grenzwert zu überschreiten. Zu Trunkenheit kam es so gut wie nie.

Bei den alten Persern dagegen, die bereits von der Hochkultur angekränkelt waren, hatte man mit dem Maßhalten offenbar größere Mühe, dafür immerhin aber ein sinniges Kontrollverfahren entwickelt. Herodot (ca. 490–430 v. Chr.) berichtet, daß sie eine besondere Schwäche für Wein besaßen und die Gewohnheit hatten,

> im Rausch die wichtigsten Angelegenheiten zu verhandeln. Den Beschluß, den man so gefaßt hat, trägt der Hausherr, in dessen Hause die Beratung stattfindet, am nächsten Tag, wenn die Beratenden nüchtern sind, noch einmal vor. Ist man auch jetzt damit einverstanden, so führt man das Beschlossene aus, andernfalls läßt man es fallen. Auch wird ein Gegenstand, den sie nüchtern vorberaten haben, in der Trunkenheit noch einmal erwogen. (I 133)

Vermutlich lag dem die Auffassung zugrunde, daß der Alkoholrausch einem ekstatischen oder Trancezustand entspricht und insofern, wie analog bei Medien und Schamanen, die Sinne durchlässig und das Bewußtsein empfänglich für «höhere», göttliche Eingebungen macht. Jedenfalls konnte sich das Verfahren im Alten Orient auf untadelige Autoritäten berufen. Auch die Götter Babyloniens pflegten sich nämlich zu Neujahr,

Michael Wohlgemut (1434–1519), «Fürstliche Tafel», Holzschnitt aus dem «Schatzbehalter», Nürnberg 1491. Berufs- und Standesgruppen pflegten seit alters periodisch oder zu besonderen Anlässen Gemeinschaftsmahle zu veranstalten – nicht allein des Gaumengenusses und der Geselligkeit halber, sondern auch, um sich dadurch immer wieder ihrer Korpszugehörigkeit und Solidarität zu versichern. Berühmt für ihre Festessen waren schon die römischen Patrizier und Priester. Auswahl und Reichtum des Aufgetragenen folgten dabei teils langjähriger Tradition, teils sollten sie für den erlesenen Geschmack und die Wohlhabenheit des Gastgebers zeugen.

wenn sie über die Geschicke des kommenden Jahres zu befinden hatten, in der himmlischen Festhalle zu versammeln und, ausgiebig tafelnd, maßlos zu betrinken, um erst dann die anstehenden Entscheidungen zu fällen.

Heutigen Lesern bekannter sind die Symposien («Trinkgelage») der antiken Philosophen, wie sie vor allem die Platoniker berühmt gemacht haben. Ihre ältesten Belege reichen bis in die homerische Zeit (9. oder 8. Jahrhundert v. Chr.) zurück, allerdings trank man damals nach älterem Brauch eher wieder, wenn man zu Beratungen zu gegebenem Anlaß (Neuaufnahme, Amtseinführung, Totenfeier) im Kreis von Zunft- und Kultgenossen oder auch nur unter Freunden zusammenkam. Daraus entwickelten sich dann später erst die schöngeistigen Dichter- und Denkerrunden, bei denen man zunächst erlesen speiste, um sich danach, bei gepflegten Gesprächen und musikalischer Unterhaltung, ganz dem Wein zuzuwenden. Ursprünglich trank man dabei aus einem *gemeinsamen* Pokal, der immer rechtsherum weitergereicht wurde. Während bei Etruskern und Römern, wie gesagt, die Frauen mit zu Tische lagen und sich auch am üblichen Vor- und Zutrinken beteiligten, hielten die Griechen sie von ihren Symposien fern – bis auf Hetären, die sie nicht nur ihrer gewissen Annehmlichkeit, sondern auch ihrer höheren Bildung wegen zuließen.

Es wurde jedoch nicht nur gegessen, getrunken und philosophiert. Es gab, wenn man so will, ein Rahmenprogramm: Nach dem Mahl brachte die Versammlung ein Trankopfer dar und sang eine Hymne. Dann wurde der Mischkrug (Krater) mit dem Wein gebracht, der im Verhältnis von 1:3 oder 2:3 mit mal warmem, mal kaltem Wasser (bzw. Schnee) verdünnt, mit Honig gesüßt und Kräutern gewürzt war. Man vertrieb sich die Zeit mit Gesellschaftsspielen, löste Scherzfragen und Rätsel, führte einander Kunststücke vor und ließ sich von Gauklern und Spaßmachern unterhalten, während Leier- und Flötenspieler für die Begleitmusik sorgten. Ein Vorsteher des Gast-

Antike Bankettszene, attische Vasenmalerei (Krater). Museo Archeologico Nazionale Neapel. Feierliche, ursprünglich zeremonielle Trinkgelage unter Freunden und Mitgliedern einer Kultgenossenschaft sind in der Antike bereits seit dem 9. Jahrhundert v. Chr. (u. a. bei Homer) bezeugt. Man traf sich zu gemeinsamen Opferhandlungen, um anstehende wichtige Fragen zu beraten, oder auch aus purer Geselligkeit. Während Etrusker und Römer gemeinsam mit ihren Frauen tranken, blieben in Griechenland die Männer unter sich, das heißt ließen lediglich Flötenspielerinnen und Hetären zu ihrer Unterhaltung zu. Bekannt sind noch heute die Symposien («Trinkgemeinschaften») der Philosophen, bei denen zunächst gepflegt gespeist, danach erst bei Wein und zu Flöten- und Leierklang philosophiert wurde.

mahls, der «Symposiarch», der zuvor durch das Los bestimmt worden war, hatte darüber zu wachen, daß alles auch ordentlich und den üblichen Regeln entsprechend verlief. Gedankenreiche Gespräche traten offenbar nur in Intellektuellenkreisen mehr in den Vordergrund. Hier wurden dann nicht nur sinnliche Bedürfnisse, sondern gewissermaßen auch der Hunger und Durst nach Erkenntnis gestillt.

Bei den unzivilisierten illiteraten Barbaren hoch im Nordwesten Europas, unseren germanischen Altvorderen, lebte dagegen der ursprünglichere Brauch, sich zu berauschen, um zu beraten, noch zu Zeiten des Tacitus (ca. 55–120 n. Chr.) fort. Seinem Bericht zufolge pflegten sie nämlich über die Beilegung von Händeln, mögliche Allianzen unter Sippen, Krieg und Frieden, ja selbst die Berufung von Anführern (*principes*) bevorzugt bei Trinkgelagen zu beraten – «weil sich angeblich das Herz zu keiner anderen Zeit leichter für aufrichtige Gedanken erschließt oder für hohe erwärmt [...] Am folgenden Tag wird die Sache nochmals behandelt, und jede Zeit kommt ganz zu ihrem Recht: Sie beraten, wenn sie sich nicht zu verstellen wissen, sie beschließen, wenn sie nicht irren können» (*Germania*, c. 22). Glaubt man der *Edda*, tranken die alten Germanen bei derartigen Versammlungen auch alle wieder aus einem gemeinsamen Humpen.

Vielleicht hatte der Dichter Wilhelm Hauff (1802–1827) die obige Tacitus-Stelle im Sinn oder schöpfte aus alten Erzählungen, als er in seiner Novelle *Phantasien im Bremer Rathskeller* in den tiefen Gewölben ebendaselbst seinen bereits weinseligen Helden erleben läßt, wie zu mitternächtlicher Stunde würdige Herren aus der Zeit vor hundert Jahren heiter und aufgeräumt die Schankstube betreten, sich zu Tisch setzen und fröhlich zu pokulieren beginnen. Die Stimmung hebt sich, man schwelgt in Erinnerungen, gedenkt alter Gepflogenheiten des Bremer Senats. «Hier, hier, nicht oben auf der Erde», belehrt ihn einer der Zecher nicht ohne Wehmut,

hier war ihr Rathhaus, hier die Halle des Senats; denn hier beim kühlen Weine beriethen sie sich über das Wohl der Stadt, über ihre Nachbarn und dergleichen. Wenn sie uneinig in der Meinung waren, so stritten sie sich nicht mit bösen Worten, sondern tranken einander wacker zu, und wenn der Wein ihre Herzen erwärmt hatte, wenn er fröhlich durch ihre Adern hüpfte, da war der Beschluß schnell zur Reife gediehen, sie drückten sich die Hände, sie waren und blieben immer Freunde, weil sie

Freunde waren des edlen Weines. Am andern Morgen aber war ihnen ihr Wort heilig, und was sie Abends ausgemacht im Keller, das führten sie oben im Gerichtssaale aus.

Ratskeller, wie es sie – oft nur mehr dem Namen nach – auch heute noch vielerorts gibt, bürgten schon aufgrund ihrer Lage sicherlich stets für eine gediegene, «gutbürgerliche» Gastlichkeit. Doch wie eine Stadt neben dem Rathaus aus Honoratioren- und schlichteren Bürgerhäusern und weiter zum Rand hin aus einfachen bis elenden Hütten bestand, verfügte sie immer auch über weniger ansehnliche Wirtshäuser und Trinkstuben, in denen es bescheidener und unachtbarer, oft rüpelhaft zuging. Hier wurden die Speisen geboten, wie sie auch im Dorf auf den Tisch kamen, während Bier und Wein, für den jedenfalls, der zahlen konnte, reichlicher flossen. Die Gäste waren vor allem Handelsleute und fahrendes Volk, die ein billiges Quartier und abends Unterhaltung suchten. Man spielte, trank «über den Durst», suchte die Dienste von Dirnen und ließ sich in der Trunkenheit in Händel verstricken, bei denen mancher froh sein konnte, wenn er noch «mit einem blauen Auge davonkam» und nicht am Morgen feststellen mußte, daß er um sein Geld gebracht war. Denn die Gelegenheit machte Diebe und zog allerlei Gesindel an. Gaststätten standen in keinem guten Ruf; einsamer gelegene waren nicht selten als «Räuberspelunken» verschrien. Achtbare Bürger sahen in ihnen Brutstätten des Lasters, «wo», wie Wilhelm Busch argwöhnte, «der Böse nächtlich praßt». Charles Dickens hat in seinen Romanen etliche bedrückende Beispiele für Elend und Groteske derartiger Kneipen in den Hafenvierteln Londons geliefert.

Im Grunde setzte sich gerade in ihnen die älteste Form *öffentlicher* «Gastlichkeit» fort. Schon im Altertum waren an den Kreuzungspunkten der Fernhandelsstraßen, die sich meist auch zu florierenden Marktflecken auswuchsen, privat betriebene Gasthäuser entstanden, die bald einen mehr als zweifelhaften Ruf genossen. Die Kaufleute suchten dort neben Verpflegung und Unterkunft eben immer auch Unterhaltung und Erholung von den Strapazen der Reise. So fanden sich viele ein, die ihnen gerne gefällig waren und sich dabei nicht unbedingt von moralischen Skrupeln leiten ließen. Zur Zeit der Sung-Dynastie (960–1126 n. Chr.) boten die Schenken Chinas ihren Gästen ebenso Speisen aus allen Teilen des Landes wie Liebessklavinnen an; es waren Wirts- wie Freudenhäuser, in denen auch Herren der Gesellschaft gerne einkehrten, erlesen zusammen speisten und tranken, gediegener Geselligkeit frönten und sich auf gepflegte Weise verwöhnen ließen.

Die Sicherheit solcher öffentlicher Etablissements hing von der Zuverlässigkeit der staatlichen Aufsichtsbehörden ab. In geordneten Staatswesen achtete die Obrigkeit besonders darauf, daß der Handel, von dem man schließlich sehr profitierte, möglichst ungestört florierte. Insofern unterlagen auch Gasthäuser – und ebenso Märkte – strenger Kontrolle. Zur Blütezeit des Islam, während des Abbasiden-Kalifats (750–1258), konnten Handelsreisende in den zahlreichen Karawansereien ebenso sicher wie bequem logieren. Die Kaufleute lagerten hier abends auf erhöhten Podesten beim Feuer, speisten und tranken Weine aus Persien oder den Mittelmeerländern, lauschten dezenter Musik und ließen sich die Zeit von professionellen Märchenerzählern verkürzen. Die *Geschichten aus tausendundeiner Nacht* schöpfen zum Großteil aus dieser Quelle. Vor allem aber waren die Herrscher der großen mittelalterlichen Nomadenimperien wie des Mongolenreichs auf strenge Kontrollen der Handelswege und Märkte (in den Oasenstädten) bedacht. Denn neben der Kriegsbeute und Besteuerung der Unterworfenen schöpften sie ihre Einkünfte zur Hauptsache aus dem Handel. Da die Mongolen eine Vielzahl von Völkern von China über Innerasien bis nach Europa und in die islamischen Länder des östlichen Mittelmeerraumes hinein beherrschten, schloß der Handels- auch den Religionsfrieden – unter Konfuzianern, Taoisten, Buddhisten, Christen und Muslimen – ein, den zu wahren daher zu ihren erklärten politischen Zielen zählte. Unter dem Großkhan Möngke (reg. 1251–1259), einem Enkel Dschingis Khans (ca. 1155–1227), während dessen Herrschaft das Reich seine größte Ausdehnung und Blütezeit erlebte, war es erstmals in der Geschichte möglich, von Rußland bis in die Länder Südostasiens, von der Krim bis nach Korea zu reisen, ohne daß man um sein Leben fürchten oder allzu große Unbequemlichkeiten in Kauf nehmen mußte. Zur Gewährleistung der «*Pax tatarica*» legten die Mongolen überall sichere Verkehrswege an, schlugen Schneisen in Felsmassive, errichteten zahllose Brücken, bauten die Pässe aus und legten in Abständen von rund 200 Kilometern über 10 000 Poststationen mit bis zu 400 Pferden und allem möglichen Komfort für die Reisenden an. Raub und Überfälle gehörten der Vergangenheit an. Überall standen Truppen zum Schutz der Straßen, Umschlagplätze und Märkte bereit. Das Reisen war so sicher geworden, daß, wie ein Zeitgenosse bezeugt, «eine Jungfrau mit einem Klumpen Goldes auf dem Kopfe ungefährdet durch das ganze Reich wandern könnte». Doch war das ein seltener historischer Ausnahmefall. Als das Mongolenreich zerfiel und die Verhältnisse immer unsicherer wurden, traten die europäischen Handelsreisenden den Weg über See an – die «Entdeckungszeit» begann.

Der Gefahren wegen mied, wer die Möglichkeit hatte, öffentliche Herbergen und kehrte lieber bei Handelsfreunden ein. In manchen Fällen bestanden derartige Partnerschaften bereits seit Generationen. Ihre Vorformen reichen teils weit in die Geschichte zurück. In Gegenden, in denen, geographisch bedingt, der Fernhandel Tradition hatte, wie zum Beispiel in Melanesien, das berühmt war für seine weitreichenden kommerziellen wie zeremoniellen Handelssysteme, sah man sich vermutlich schon früh vor die Notwendigkeit gestellt, die Beziehungen durch institutionalisierte Partnerschaften möglichen Risiken zu entziehen. Auch auf Neuguinea kannte man derartige Dauergastfreundschaften. Hier war es – meist schon seit Generationen – üblich, die Söhne beider Seiten im Alter von dreizehn bis fünfzehn Jahren für eine gewisse Zeitlang in die je andere Familie zu entsenden, damit sie sich mit der dortigen Sprache und Lebensweise vertraut machen konnten. Wann immer die Handelsfreunde später einander besuchten, garantierte die *quasifamiliäre* Bindung ihnen Schutz und Gastrecht. Bei Konflikten zwischen ihren Gruppen genossen sie Immunität und traten als Vermittler in Aktion. Eine analoge Institution kannten in der Antike auch Griechen und Römer. Sie trug hier die Bezeichnung «*Proxenia*», «Gastfreundschaft». Reiche Kaufleute hielten für ihre Handelsfreunde bestimmte Räumlichkeiten, teils auch separate Gasthäuser bereit. Man teilte die Tafel und konnte so unbedingt aufeinander vertrauen.

Es speiste sich unbeschwerter unter Freunden. Heute, da die Gaststätten sicher geworden sind, kann man seine Besucher sogar dorthin ausführen, ohne daß der familiäre Charakter der Gastlichkeit darunter litte. Man «bestellt einen Tisch» oder – zu Tauf-, Geburtstags-, Hochzeits- und Trauerfeiern – einen ganzen Saal und bleibt, wenn auch ausgelagert aus der zu eng gewordenen Wohnung, unter sich. Gespart wird gewöhnlich nicht. Man tafelt und zecht, wie schon die Altvorderen taten, ausgiebig und gut, um sich erneut seiner Zusammengehörigkeit zu versichern.

9. Hausmannskost

Mutters Küche ist die beste, sättigt und erhält gesund

«Daheim schmeckt es noch immer am besten», so tönt es aus dem Volksmund, und wir stimmen zu, ohne uns weiter Gedanken darüber zu machen. Von Kindesbeinen an sind wir an das gewöhnt, was uns Mutter aufgetischt hat. Unser Geschmacksempfinden wurde wie das Verhalten bei Tisch und anderes, was man uns «beigebracht» hat, in spezifischer Weise *geprägt*; es stellt einen festen Bestandteil der familiären, gewöhnlich auch der Gruppentradition dar, mit der man sich *identifiziert*. Schon wenn man als Kind zu Gast bei Schulfreunden ist und einem Ungewohntes vorgesetzt wird, verspürt man ein gewisses Unbehagen und muß seine gute Erziehung aufbieten und so tun, als äße man mit Genuß. Als Erwachsener pflegt man der Gastgeberin (sollte sie noch selbst gekocht haben) artige Komplimente zu machen. Doch das gebietet die Höflichkeit.

So richtig wohl ist dem Gaumen eigentlich nur bei der «guten alten Hausmannskost» – vorausgesetzt allerdings, man wuchs in «geordneten» familiären Verhältnissen auf, in denen sich Traditionen noch ausbilden und gepflegt werden konnten. Nicht von ungefähr macht sich heute, da dem vielfach nicht mehr so ist, bedachtsam von wacher Werbung geschürt, nostalgische Sehnsucht nach Mutters, besser noch «Großmutters Küche» breit. Das wurzelt tiefer, als dem naiven Esser bewußt ist. Der Gaumen ist Teil der Identität; sein Empfinden, der «Geschmack», bildet, nicht anders als moralische Normen, Brauchtum, Wohnkultur oder Glaube, ein Element der ethno- oder allgemeiner der nostrozentrischen Ideologie: Das eigene Herkommen wird rationalisiert, begründet und begriffen als kostbares Gut, das es zu wahren und hochzuhalten gilt. Der französische Schriftsteller Anthelme Brillat-Savarin (1755–1826), berühmt durch seine geist- und humorvolle Theorie der Tafelfreuden *Physiologie du goût* hatte so unrecht nicht, als er seinen berühmten Ausspruch tat: «Sage mir, was du ißt, und ich sage dir, was du bist.» Man *ist*, was man ißt. Jedenfalls war das früher so, als die Gruppengrenzen noch weniger durchlässig waren und man in Sammlerinnen- und Jägerkulturen, bei Bauern im afrikanischen Regenwald oder im Hochland von Neuguinea, auf dem Land in Europa oder bei Hof, als Soldat oder Angehöriger einer indischen Kaste sehr Unterschiedliches aß. Was süß dem Mund, schien dem Magen gesund – weil es dem Herkommen entsprach, Teil der eigenen Kultur war, zu der man sich in allen Stücken bekannte.

Denn schließlich hatten nicht allein schon die Ahnen dasselbe gegessen: In letzter Instanz stammte die gewohnte heimische Kost aus den Händen der Götter und Kulturheroen, die ehedem die Urvorfahren in ihrer Gewinnung und Zubereitung unterwiesen hatten. Den Grundnahrungsmitteln und vermeintlich ältesten Gerichten – wie etwa Linseneintöpfen oder Breien – kam daher immer ein besonderer, hoher *Sakralwert* zu. Sie bildeten einen festen Bestandteil der Ritual- und Festspeisen, ob bei Geburts-, Hochzeits-, Toten- oder Kultfeierlichkeiten. In Südostasien gilt das ebenso für den Reis beziehungsweise einfache Reisgerichte, wie etwa bei Pueblo-Indianern im Südwesten der Vereinigten Staaten der Mais die obligate Grundlage aller Sakralspeisen bildet. Und nicht anders leben die Basiselemente der altmittelmeerisch-ländlichen Kost bis auf den heutigen Tag in der Liturgie der christlichen Kirchen fort: Brot und Wein in der Abendmahlsfeier, Olivenöl als Gnadenmittel zur Sündenvergebung bei Taufe, Firmung, Priesterweihe und in der Stunde des Todes («letzte Ölung»).

Was uns aus der Hand der Götter zukam, kann weder schlecht noch ungesund sein. In traditionellen Gesellschaften war weithin die Überzeugung verbreitet, daß allein die eigene altangestammte Kost *richtig* ernähre, satt mache und gesund erhalte. Eine alte Frau der Papago, die in den Trockengebieten Arizonas ein mehr als kümmerliches Dasein fristen, beteuerte gegenüber der amerikanischen Ethnologin Ruth Underhill: «Euch Weißen hat Gott den Weizen, die Pfirsiche und den Wein gegeben. Uns gab er die samentragenden Wildgräser und den Kaktus mit seinen Früchten: Dies sind die guten Nahrungsmittel.» In Nigeria ist man – heute zumindest noch auf dem Land – der Auffassung, daß einem Unterernährung drohe, wenn man nicht jeden Tag die gewohnte Ration *Fufu* zu sich nehme. Jemenitische Bauern glauben, daß sie ohne ihren täglichen Topf Hirsebrei arbeitsunfähig werden. Die Nuer am Oberlauf des Nils in der Republik Sudan, die im wesentlichen von der Viehhaltung leben, messen der Milch den Hauptnährgehalt zu. Agrarprodukte wie Hirse *ohne* kräftige Zugaben von Milch wären ihrer Überzeugung nach für Kinder schlichtweg unverdaulich, für Erwachsene ungenießbar. Und da die konventionelle Kost eben eine Göttergabe darstellt und auch insofern schon ein Höchstmaß an Lebenskraft enthält, bleibt man tunlichst dabei. Manche ländlichen Speisen haben sich in Gebieten, in denen sich das quellenmäßig zurückverfolgen läßt – wie beispielsweise im Iran, in Teilen Indiens oder in Mexiko – über mehr als tausend Jahre nahezu unverändert erhalten.

Alle, die Tag für Tag, wenn auch an verschiedenen Feuern, dasselbe essen, gehören zusammen; sie bilden eine einzige, überfamiliäre Tafelgemeinschaft. Der gastronomischen Inklusion entspricht nach den Kriterien der Identitätsideologie der Ausschluß derer, die abweichende Ernährungsgewohnheiten besitzen, das heißt *anderen* Gruppen angehören. Fremde sollten weder Hand noch Lippen an die eigenen, und vor allem die *ältestüberkommenen* Nahrungsgüter legen. Bei den Hima, einem ostafrikanischen Hirtenvolk, durften von der eigenen Milch sogar nur Bluts-, das heißt hier *vaterseitig* (patrilinear) Verwandte einer Sippe trinken; allen anderen war der Genuß verwehrt. Die Baka in Äthiopien achteten darauf, daß kein Fremder ihre Biertöpfe berührte, geschweige denn den Deckel abhob. In hierarchisch geschichteten Gesellschaften bestanden analoge Meidungsgebote auch innersozietär unter den einzelnen Sozialgruppen, Kasten und Ständen. Höherrangige pflegten generell nicht die Tafel mit Tieferstehenden zu teilen, es sei denn in bestimmten Ausnahmefällen, etwa um sie eines Verdienstes wegen auszuzeichnen. In alter Zeit kehrten gelegentlich Götter, wie schon erwähnt, bei einfachen Landleuten ein, um sie auf die Probe zu stellen; Märchen erzählen davon, daß verirrte oder in Not geratene Könige Obdach und Schutz bei Bauern suchen und dankbar das karge Mahl, das man ihnen vorsetzt, annehmen. In beiden Fällen werden den barmherzigen Wirten hernach unerwartete Segnungen zuteil. Der Tabubruch ist nur «von oben nach unten» zulässig; dann bedeutet er einen Hulderweis und bringt Gutes. Besäße ein Unterschichtsangehöriger die Vermessenheit, sich frank in den Herrensitz eines Adeligen oder den Palast seines Königs zu begeben und sich dort zu Tisch zu setzen, hätte er mit dem Kerker, wenn nicht dem Tod zu rechnen.

Unter Angehörigen und Gleichgestellten dagegen stellt der Ausschluß von der Speisegemeinschaft eine klare «Herabsetzung» dar und wird oft auch gezielt als Strafmaßnahme benutzt. Wer eine schwere Verfehlung begangen hatte, konnte exkommuniziert, das heißt zum «Vogelfreien» erklärt werden. Niemand durfte mit ihm mehr etwas zu tun haben, geschweige denn, ihn zu Gast bitten. Zu Kerker Verurteilte traf strukturell dasselbe Los. Die Gesellschaft hatte sie ausgegliedert und «weggeschlossen»; sie billigte ihnen von ihrer Speise nur mehr schimmeliges Schwarzbrot und Wasser zu. In manchen Familien straft man noch heute ungehorsame Kinder, indem man sie für eine Zeitlang auf ihr Zimmer verbannt, das heißt aus der familiären Speisegemeinschaft ausschließt. Wer die Macht hat, rächt sich für eine derartige Demütigung: Als bei der Tauffeier Dornröschens für die dreizehnte Fee kein goldenes Besteck mehr vorhanden war und man sie daher nicht einlud, traf sie das bitter. Zutiefst beleidigt, verhängte sie ihren bekannten Fluch über die gesamte Königsfamilie samt Gesinde, Haustieren und allem, was sonst im Palast Leben besaß – bis hin zu den Fliegen.

Andererseits aber stellte gerade das gemeinsame Essen mit Nichtverwandten oder gar Fremden, mit denen man das sonst eben strikt vermied, ein um so stärkeres Bindemittel dar, das bewußt genutzt wurde, wenn man, wovon schon die Rede war, kurzfristig Gäste aufnahm oder langfristig etwa Blutsbrüderschaft und Frieden schloß. Am häufigsten jedoch bediente man sich dieses probaten Mittels bei Eheschlüssen, die ja nicht nur das Brautpaar, sondern mit ihm beider Sippen dauerhaft miteinander verbanden. Und besonders sinnfällig fand das seinen Ausdruck darin, daß man nicht nur immer wieder, beginnend schon mit der Vorbereitungsphase, zusammen aß, sondern dazu *seine ureigensten Speisen* auftrug, vor allem natürlich zum Hochzeitsmahl selbst. Bei den Hima zum Beispiel tranken dann Braut und Bräutigam jeweils von der Milch der Schwiegerfamilie: Man tauschte sein «Lebenselixier» aus, wie Blutsbrüder ihr Blut, und verschmolz so zwei gesonderte zu *einem* Verwandtschaftsverband, dessen «verschwägerte» Angehörige in der Folge auch, wie Blutsverwandte untereinander, durch eine ganze Reihe von Wechselverpflichtungen, also durch Reziprozität im engeren Kreis, sozusagen dichtgeschlossen waren.

Fremdkost löste in traditionellen Gesellschaften allgemein Unbehagen, ja Widerwillen aus. Wer eine andere, das heißt der eigenen gegenüber rudimentäre oder «verkorkste» Kultur besaß, mit dessen Speisen konnte es auch nicht weit her sein. Man mußte annehmen, daß sich mit ihrem Genuß auch die «barbarischen» Eigenschaften der anderen auf einen selbst übertrugen. Speisen gegenüber, die nicht aus dem eigenen Topf oder dem naher Angehöriger kamen, war daher grundsätzlich Mißtrauen, zumindest Vorsicht geboten. Sie galten nicht nur als minderwertig und unbekömmlich, sondern schmeckten auch nicht; oft wurden sie als ausgesprochen ungenießbar bezeichnet. Die Batek Dè, die in Restgruppen noch im Südteil der Halbinsel Malakka (Malaysia) leben und sich hauptsächlich von der Sammelwirtschaft, teils auch der Jagd ernähren, besitzen so einen ausgesprochenen Abscheu vor den Anbauprodukten der ihnen benachbarten Malaien. Die Lele am mittleren Kasai in Zentralafrika handelten zwar mit ihren Nachbarn, wie insbesondere den Nkutu, achteten aber darauf, ihnen tunlichst nicht zu nahe zu kommen. Sie begründeten das der englischen Ethnologin Mary Douglas gegenüber damit, daß jene eine höchst rudimentäre Hygiene besäßen, nicht, wie es anständiger Leute Brauch sei, die gehörige Distanz zu ihren Schwiegermüttern hielten, ihre Frauen miserabel gekleidet gingen und ihre Speisen schlechthin zum Erbrechen seien.

Infolgedessen stießen – zumindest anfangs – auch Versuche, neuartige Nahrungsmittel einzuführen, oft auf erheblichen Widerstand. Die Kpelle in Liberia weigerten sich lange, vom altangestammten Trockenreisanbau auf den Hügeln zum entschieden profitableren Anbau von Naßreis im Tiefland überzugehen; sie behaupteten steif und fest, Naßreis schmecke schlecht und sei von geringer Qualität. Die Kusasi im Norden von Ghana ziehen es vor, zum Braten und Schmelzen der Suppen, wie seit alters bei ihnen üblich, Schinußöl aus den Fruchtkernen des Schibutterbaumes (*Butyrospermum paradoxum*) zu benutzen; angeblich verstehen sie es nicht, Öl aus Erdnüssen, wie sie dort überall reichlich angebaut werden, zu gewinnen, obwohl sie das Verfahren leicht ihren Nachbarn hätten absehen können. Als bei den Ila in Sambia die Obstbanane (*Musa sapientum*) eingeführt wurde, stieß sie zunächst auf Ablehnung, weil die Bevölkerung der Überzeugung war, sie enthalte gesundheitsgefährdende Kräfte. Anderwärts dürfen Fremdprodukte nicht in die Küche kommen, weil das den Unwillen der Ahnen erregen würde. Spanischer Pfeffer darf daher bei den Lamet im Norden von Laos den Speisen nur außerhalb des Hauses zugesetzt werden.

Wer dennoch so leichtfertig ist, von fremden Speisen zu kosten, könnte riskieren, entweder – nur – eine Enttäuschung zu erleben, weil ihm anschließend ist, als habe er *nichts* gegessen, oder sich gründlich den Magen zu verderben, ja unter Umständen sogar dauerhaft zu ruinieren. Von letzterem waren zum Beispiel die Tallensi in Ghana überzeugt, während sich bei den Bemba in Sambia lange die Auffassung hielt, nach dem Genuß von Süßkartoffel- und Maisgerichten nichts – jedenfalls nichts Vernünftiges, das nährt und satt macht – gegessen zu haben.

Sicher ist man sich immer, daß Fremdkost zu Verunreinigung führt – die dann unter Umständen Schlimmeres, etwa Unwohlsein, Krankheit oder gar Tod zur Folge hat. Besonders peinlich achten bekanntlich gläubige Hindus darauf, Speisen und Getränke, ja selbst Töpfe und Speisegeschirr von anderen als der eigenen Kaste nicht einmal zu berühren. Nötigt jemanden die Situation dazu, mit Angehörigen anderer Kasten aus ein und derselben Kalebasse oder Flasche zu trinken, hält er sie hoch und gießt das Getränk von oben in den geöffneten Mund. In eine analoge Verlegenheit gerieten indigene Gesellschaften beim – zunächst noch selteneren – Besuch von Weißen. Vor allem suchten sie zu vermeiden, vom Tafelgeschirr der Fremden essen zu müssen. Wer nicht umhin konnte, ihre Teller und Tassen mitzubenutzen, spülte sich, wie die Tarahumara in Mexiko, anschließend gründlich den Mund aus und wusch sich die Hände, um wenigstens der äußerlichen Verunreinigung ledig zu werden.

Doch mußte es nicht die unmittelbare Berührung sein; oft genügte schon, daß der Blick eines Fremden, ja selbst der Schatten – der als eine Art Ausscheidung aufgefaßt wurde – eines Schwiegerverwandten, wie bei Gruppen im Hochland von Neuguinea, auf das eigene Gericht fiel, um es für die Familie ungenießbar zu machen; es galt dann als verdorben. Man könnte sagen, daß Fremdkost, auch wenn sie – nach unserem Verständnis – «objektiv» verträglich war, dem Verdikt *kultureller* Genußuntauglichkeit unterlag.

Besonders genau mußten es immer Priester und Könige, die sakralen Heilsträger ihrer Gesellschaft, damit nehmen. Letztere pflegten daher ihre Mahlzeiten in strengster Abgeschiedenheit einzunehmen. Nichts, was nicht im eigenen Land angebaut oder gewonnen und von Engstvertrauten auf traditionelle Weise und oft noch unter kontrollierten Bedingungen zubereitet worden war, durfte auf ihren Tisch kommen. Noch heute halten Schamaninnen der Tadschiken darauf, einzig zu essen, was sie selbst in ihrer eigenen Küche zubereitet haben und dabei immer nur ihr persönliches Geschirr (Tee-, Eßschale und Löffel) zu benutzen. Unter keinen Umständen würden sie «Basarkost» zu sich nehmen.

Wer sich auf Reisen begab, verproviantierte sich reichlich mit heimischem Mundvorrat, um sich nicht der Verlegenheit auszusetzen, von Fremden etwas annehmen zu müssen. Man aß, sofern es nur irgend vermeidbar war, nicht außer Hauses. Auch insofern versteht sich der gewisse Anruch, der öffentlichen Gasthäusern usprünglich anhaftete. Wer nicht mußte, besuchte sie, beziehungsweise verkehrte dort nicht. Generell galt, wie die Maxime der Gonja in Ghana lautet: «Iß niemals, was ein Fremder zubereitet hat!»

Heute ist das weithin anders geworden. Man speist durchaus außer Hauses und zudem noch in wechselnder Begleitung. Einladungen ins Restaurant sind Zeichen freundschaftlicher Verbundenheit, dienen der Anknüpfung neuer Beziehungen, drücken Dank aus oder stellen mitunter auch eine Auszeichnung dar. Die ursprüngliche soziale Bedeutung des gemeinsamen Essens unterliegt, entsprechend dem gesellschaftlichen Wandel, einem gewissen «Ausdifferenzierungsprozeß». Sie folgt der Flexibilisierung der Lebens- und Arbeitswelt. Die Beschäftigungszeiten der Eltern lassen sich nur schwerlich noch miteinander und um so weniger auch mit dem Rhythmus, den Kindergarten und Schule der Kinder vorgeben, in Einklang bringen. Untersuchungen ergaben, daß in der Bundesrepublik Deutschland die Hälfte aller Familien pro Woche – gewöhnlich sonntags – nur noch eine Mahlzeit gemeinsam einnimmt; täglich ist das lediglich in jedem fünfzehnten Haushalt der Fall; ein Drittel trifft sich immerhin zum Abendbrot. Zumindest die *familiäre* Tischgemeinschaft scheint damit ihre jahrtausendealte Integrations- und Bindefunktion fortschreitend einzubüßen – zugunsten zunehmender Individualisierung und einer erhöhten Bereitschaft zu wechselnden Beziehungen.

Und doch ist etwas geblieben. Man empfindet ein gewisses Unbehagen, sich in einem Lokal zu Fremden an den Tisch setzen und seine Mahlzeit gemeinsam mit ihnen einnehmen zu müssen. Selten knüpft man ein Gespräch an. Wenn irgend möglich, sucht man sich seinen eigenen Tisch, ob man nun allein oder in Gesellschaft ist. Äußerst befremdet würde man reagieren, schöbe ein Unbekannter einem seinen Teller mit der freundlichen Aufforderung zu, den Rest seines Menüs zu essen. Nötigt die Situation Kinder oder Erwachsene unterschiedlicher Herkunft, das Essen, ja vielleicht das Geschirr – Schüssel, Becher, Löffel – miteinander zu teilen, kommt ebenfalls Unbehagen, ja Widerwille auf, wie etwa Militärdienstleistende oder Teilnehmer eines Abenteuerurlaubs mit «zünftigem» Lagerleben zu berichten wissen. Und wer hätte nicht schon Ähnliches empfunden, wenn in «feuchtfröhlicher» Runde der Bierkrug kreist. Fast jeder ist dann verstohlen bemüht, seine Lippen nicht an dieselbe Stelle wie seine Vorgänger zu setzen. Man fürchtet, sich infizieren, das heißt «verunreinigen» zu können. Leichter dagegen fiele einem der Umtrunk aus gemeinsamem Becher allemal noch in der Familie, unter «seinesgleichen».

10. Tisch und Bett

Von der Symbolik des Essens und Trinkens

Wer Leute gemeinsam essen sieht, nimmt an, daß sie zusammengehören. Sind sie festlich gekleidet, geht man davon aus, daß die Mahlzeit ein besonderes Ereignis zum Anlaß hat. Überwiegen dunklere Töne, schließt man auf eine Trauerfeier. Handelt es sich um eine große Gesellschaft, darf man vermuten, daß der Verstorbene eine gehobene – verwandtschaftliche oder soziale – Position besaß; viele sind von dem Verlust betroffen. Eine üppig besetzte Tafel weist den Wohlstand der trauernden Familie aus.

Die Kultur einer Gesellschaft stellt ein Symbolsystem, eine Ausdrucks- oder Zeichensprache dar, in der jedes Element – ein Gebrauchsgegenstand, das Mobiliar, eine Institution, Norm oder Regel – aufgrund seiner Positionierung in einer gegebenen Situation seine besondere Bedeutung besitzt, wie ein Wort oder Satz in einer Aussage, Anweisung oder Erzählung in dem Zusammenhang, um den es geht, dem «semantischen Feld». In beiden Fällen folgen Anordnung und wechselnde Kombination der «Zeichen» spezifischen Regeln, wie sie entweder die Syntax oder die Tradition vorschreiben.

Alle Sprachen haben bestimmte syntaktische Grundzüge, eine grammatikalische «Tiefenstruktur» gemeinsam, wie alle Kulturen auf einem Satz universaler Übereinstimmungen in ihrer sozialen Organisation oder Vorstellungsbildung aufbauen. Insofern kann man, ausgehend von diesen grundlegenden Gemeinsamkeiten, überhaupt erst eine andere Sprache erlernen und Zugang zum Verständnis einer fremden Kultur finden. Richtig verstehen wird man beide jedoch nur, wenn man die je kulturspezifische Bedeutung eines Wortes, eines Gebrauchsgegenstandes, einer Satzform, Institution oder eines Rituals nicht nur an sich, in dem gegebenen Zeichen- oder Symbolsystem, sondern auch innerhalb der momentanen Situation, dem «Kontext», in dem sie auftreten, genau kennt. Und Kontexte wechseln, je nach den Adressaten, an die sich eine Aussage oder Gebärde richtet, für die ein Verhalten, ein Ritual oder Opfer bestimmt sind. Es verändern sich die Orts- und Zeitwahl, das Verhalten, die Sprache – und damit der Bedeutungs-, das heißt der *Informationsgehalt* des zum Ausdruck Gebrachten. Bei uns bekunden Trauernde, die in angemessener Kleidung nach Abschluß der Beisetzungszeremonie zusammen essen, dem Toten ihre Verbundenheit und den Hinterbliebenen Anteilnahme und Solidarität auch über den Zeitpunkt der Bestattung hinaus. In einer traditionellen Gesellschaft würde der «Leichenschmaus» immer auch die letzte Phase eines *Übergangsrituals* bedeuten, deren Aufgabe es ist, die engeren Angehörigen des Verstorbenen nach der Trauer, während der sie gleich dem Toten abstarben für die Gemeinschaft, sich leblos gaben (in Seklusion gingen, nicht sprachen, nicht aßen usw. mehr), um zuletzt zum Leben wiederaufzuerstehen, nunmehr durch das gemeinsame Mahl in die Gesellschaft zu *reintegrieren*. Je nach Kultur würden dabei die einzelnen Formen des Trauerverhaltens, die Trachten, die Art der Bemalung und zuletzt die Zusammensetzung der Speisen beim Totenmahl variieren, das heißt eine unterschiedliche oder modifizierte Bedeutung besitzen. Die Adressaten wären sowohl die familiäre und verwandtschaftliche Trauergemeinde als auch die Ahnen, bei höherstehenden Toten vielleicht auch die Götter – insofern ihnen etwa geopfert wird.

Tiere benutzen weder Feuer noch Töpfe, sie kennen keine Tafelrunden und prosten einander beim Trinken nicht zu, es sei denn im Märchen. Sie «fressen», das heißt schlingen ihre Nahrung roh und hastig hinunter oder schleppen sie fort, um nicht mit anderen teilen zu müssen. Menschen dagegen geben von dem, was sie erbeutet oder angebaut haben, anderen ab. Sie bereiten die Speisen sorgsam zu, verwandeln Natur in *Kultur* und essen auf *gesittete* Weise. Dies ist die allgemeinste Botschaft, die sie damit einander – und ihren Kindern – immer wieder mitteilen: Wir – das heißt nach dem üblichen ethnozentrischen Selbstverständnis die Mitglieder der eigenen Gruppe – sind keine Tiere, sondern Menschen; wir verzehren unsere Nahrung auf *zivilisierte* Weise nach bestimmten Regeln, die wir von den Kulturheroen empfangen und von unseren Vorfahren gelernt haben. Die Bemba im Nordosten von Sambia aßen selbst Pflanzenkost niemals roh, um nicht wie die Tiere im Busch zu erscheinen. Sie trockneten sie zunächst an der Sonne – und beraubten sie damit ihres Vitamin C-Gehalts.

Und Menschen differenzieren auch bei der Nahrungsaufnahme, namentlich nach Anlaß und Status. Sie kauen gewissermaßen ihre Kultur miteinander durch und ihren Kindern vor. Höhergestellte, wie Familien- und Gruppenoberhäupter, Adlige und Könige, haben Anspruch auf bessere und reichlichere Kost – in arabischen Ländern zum Beispiel auf Kamelbraten, gefüllt mit Geflügel- und Ziegenfleisch, bei den alten Hawaiianern auf Hund, in Europa auf Wildbret und Fasan. Weizen galt ebenso bei den Römern wie im europäischen Mittelalter – und gilt in Teilen Indiens noch heute – als Edelgetreide gegenüber Gerste, Dinkel, Emmer, Hafer, Roggen und Hirse. Entsprechend konnten – und durften – sich nur Höherrangige «Weißbrot» leisten, während Unterschichtsangehörige sich mit Brot aus den billigeren und minderwertigen dunkleren Getreiden, also «Schwarzbrot», bescheiden mußten. Manche *dieser* Zerealien wurden gleichzeitig auch als Tierfutter verwandt. An Grünkost standen im Mittelalter, abgesehen von den genannten Futtergetreiden, Bauern und Armen neben Wildpflanzen und Sammelfrüchten zur Hauptsache Kohl, etwa ab dem 14. Jahrhundert auch Buchweizen (ein Knöterichgewächs, kein Getreide!) sowie die sprichwörtlichen «Kraut und Rüben» zur Verfügung. Und praktisch in allen Kulturen zählte Fleischgenuß zur privilegierten Kost der Familienväter, Ältesten und Oberschichtsangehörigen. Von den Speck- und Fleischorgien der fränkischen Aristokraten war schon die Rede. Zur gleichen Zeit konnten sich Bauern nur gelegentlich mal Geflügel- oder Pökelfleisch leisten. Wie eine Untersuchung in über fünfzig Ländern ergab, nehmen auch heute noch Gruppen mit höherem Einkommen weitaus mehr Fette, Proteine und Kalorien tierischer Herkunft zu sich als Wenigerverdienende. Auf Madagaskar macht der Unterschied das Zwölffache aus; in den Vereinigten Staaten beträgt er immerhin noch 25 Prozent. Da Fleisch in jedem Fall eine Delikatesse darstellt, reicht man es in Nigeria erst gegen Ende, sozusagen auf dem Höhepunkt der Mahlzeit.

In den Familien kam in allen Kulturen den Männern, vornehmlich den Ältesten und Haushaltsvorständen das Vorrecht auf Fleischkost zu, in Europa teils noch, und namentlich in Notzeiten, bis in die Mitte des 20. Jahrhunderts; ein «echter» Mann *brauchte* Fleisch, es entsprach seinem wesensmäßigen Bedarf. Männer standen im Rang über den Frauen, doch nicht so sehr aufgrund ihres Geschlechts, sondern mehr, weil sie seit alters die Eigner und somit «Herren» von Haus, Hof und Feldflur waren und als «Einheimische» die Verantwortung für die Wahrung der lokalen Traditionen, der Sozialnormen, des Kults und der Kultur insgesamt trugen. Frauen heirateten wegen des überwiegend geltenden Exogamiegebots *ein*, sie waren bedingtermaßen «Fremde». Daher die Heiratszeremonien, die im Kern einem Adoptionsritual entsprachen und sie *umwandelten* zu Quasi-Verwandten. Im Vorfeld konnten das Mädchen und der junge Mann einander geschlechtsspezifische, also *symbolträchtige* Nahrungsgaben anbieten, um ihren Heiratswunsch auszudrücken. Im Hochland von Neuguinea wie bei den Nyakyusa in Ostafrika überreichte die Frau beispielsweise eine Batate (Süßkartoffel, *Ipomoea batatas*) beziehungsweise Plante (Mehlbanane, *Musa paradisiaca*). Trank in Polen ein Mädchen den Schnaps, den ihm ein junger Mann reichte, bedeutete sie ihm damit ihr Einverständnis, ihn zu heiraten; andernfalls wies sie das Glas zurück. Wie beim Gastritual oder bei Friedensschlüssen besiegelten Braut und Bräutigam dann ihren Ehebund auf dem Höhepunkt der Hochzeitszeremonien mit einem gemeinsamen Mahl.

In der Folge nahmen sie, wie bereits früher erwähnt, ihre Mahlzeiten immer getrennt ein, in Teilen Europas, wie in Rußland, noch bis ins 17. Jahrhundert. Nach Möglichkeit sollten sie dabei auch einander nicht zusehen – ganz wie es unter Fremden Brauch war. Nur höchst gelegentlich und im engsten Familienkreis, wenn niemand Fremdes zugegen war und man sich weniger förmlich zu geben brauchte, speisten die Gatten auch einmal gemeinsam. Die Regel folgte einem einleuchtenden Prinzip: Mit wem man ißt – also Abstammungs- beziehungsweise «Blutsverwandte», das heißt Männer, sowie generell Sippen- und Gruppenangehörige unter sich –, den heiratet man nicht, beziehungsweise unterhält keine sexuellen Beziehungen mit ihm; desgleichen meidet man die Tischgemeinschaft mit Leuten, die man heiraten *könnte* (Schwägerinnen und Schwäger sowie junge Frauen und Männer der exogamen Gegengruppe insgesamt) oder mit denen man bereits verheiratet ist, also Geschlechtsverkehr hat oder haben könnte.

Gleichwohl bestand zwischen Eheleuten eine äußerst dichte Beziehung, nicht so eng vielleicht wie zwischen Brüdern oder Vätern und Söhnen, aber doch ebenso elementar und für das Überleben der Gruppe im Grunde noch wichtiger: Sie «pflanzten» die Familie, Verwandtschaft (des Mannes) und Gesellschaft «fort». Man verstand auch das als *reziproke* Verpflichtung und drückte es *symbolisch* als wechselweise «Nahrungszufuhr» aus: Die Frau, verantwortlich für die Lebensmittelvorräte der Familie, versorgte ihren Mann, möglichst gut und reichlich, mit Speise und Trank, während er ihr über das – höchst lebenskrafthaltige – Sperma Vitalseelensubstanzen zuführte; aus beidem bildeten sich die Kinder, der «Nachwuchs».

Dazu hatte sie die Heirat legitimiert. Ehefrauen sollten niemals für Fremde, sondern allein für ihren Gatten das Essen zubereiten, während dieser gehalten war, nur sie mit seinem Sperma zu «speisen». Das spiegelt sich gelegentlich auch im Erwachsenenspielen der Kinder wider. Bei G/wi Buschleuten in Botswana zum Beispiel mimt das Mädchen, das für einen Jungen «kocht», seine «Frau». In polygynen Familien, in denen jede Ehefrau mit ihren Kindern meist eine gesonderte Hütte bewohnte, pflegte der Mann seine Gattinnen gewöhnlich reihum zu besuchen; und nur die, bei der er die Nacht verbrachte, brauchte auch für ihn zu kochen.

Infolgedessen wurden die Begriffe «Essen» (bzw. «Kochen») und «Sex» weltweit als Synonyme verwandt, deren eines metaphorisch für das andere stehen konnte. Männer bezeichneten Frauen etwa als «heiße Tomate», «Stück Hammelfleisch» oder «Honigtopf» und brachten damit zum Ausdruck, daß sie sexuellen «Appetit» auf sie hatten, sie «essen» wollten, wie die Vulva der Frau beim Verkehr das Glied des Mannes «aß». Das deutsche Begriffspaar «Gemahl» und «Gemahlin» drückt denselben Zusammenhang, wenn auch dezenter, aus. Das Präfix *ge-* entstammt einer alten, gemeingermanischen Präposition mit der Bedeutung «mit», «zusammen»: Beide waren zum Teilen von Tisch und Bett verpflichtet. Für Indianergruppen Südamerikas bedeutete, im Traum mit einem verstorbenen Partner zu essen *oder* zu kohabitieren, den alsbaldigen Tod, das heißt die Wiedervereinigung mit dem Dahingegangenen. Wollte eine Frau ihrem Mann zu verstehen geben, er solle eine außereheliche Liaison beenden oder daß sie die Absicht habe, ihn zu verlassen, stellte sie ganz einfach ihre Kochtätigkeit für ihn ein –

das heißt bedeutete ihm die «Trennung von Tisch *und* Bett». Er seinerseits konnte ihr seinen Scheidungswunsch dadurch anzeigen, daß er nicht mehr von ihren Speisen aß. Wünschte er ihren Tod, drückte er das – bei den Kaguru in Tansania zum Beispiel – auf ebenso eindeutige wie drastische Weise aus, indem er vor ihren Augen den Kochtopf zerschlug.

Um sich derartigen Gemütskonflikten erst gar nicht auszusetzen, kehrten besonders fromme Männer (seltener Frauen) der Gesellschaft den Rücken und zogen sich in Klöster oder Einsiedeleien zurück, aßen mäßig, fasteten und übten sexuelle Enthaltsamkeit, das heißt mieden alles «*Fleischliche*». Im Grunde lebten sie *asozial*, bedacht nur auf die *eigene* Vervollkommnung. Insofern handelte es sich um eine typisch hochkulturliche Erscheinung.

Asketische Übungen waren seit alters zwar auch in traditionellen Kulturen gang und gäbe, doch widmete man sich ihnen stets nur befristet, etwa während eines Umwandlungsprozesses im Rahmen der *Rites de Passage* sowie, wenn man sich auf eine wichtige Aufgabe, wie die Jagd, die Herstellung einer magischen Medizin, die Aussaat, eine Reise usw., vorbereiten, sich sammeln, konzentrieren und den Rat der Ahnen und Schutzgeister einholen wollte. Letztlich diente das immer auch den Interessen der anderen, der Familie und der Gesellschaft. Die Fortpflanzung wurde als eine Art heiliger Verpflichtung begriffen, da sie das Überleben der Familie, Verwandtschaft und Gruppe sicherstellte. Sich ihr zu entziehen, wäre nicht nur auf Unverständnis, sondern auch strenge Mißbilligung gestoßen – nicht zuletzt seitens der Ahnen. Heiratsunwillige und Ledige nahmen eine gesellschaftliche Randstellung ein; die Kinder verspotteten, die Erwachsenen verurteilten, die Ahnen bestraften sie mit allerlei Heimsuchungen. Nach ihrem Tod wurde ihnen keine ordnungsgemäße Bestattung zuteil, so daß ihre Seelen nicht den Weg ins Totenreich fanden. Sie blieben für immer von der Gesellschaft ausgeschlossen, für die sie nicht bereit gewesen waren, ihre Pflicht zu tun. Einem Tiroler Volksglauben nach gelangten sie an einen finsteren, abgelegenen Ort in der Unterwelt und hatten dort wahre Sisyphosarbeiten zu verrichten. Sie mußten zum Beispiel Felsen abreiben, kleinen Ameisen Ringe durch die Kiefer ziehen, Nebel schichten oder schwarzen Gänsekot zu weißem Wachs verkauen.

Auch auf das gemeinsame Mahlen konnte man nicht verzichten. War es doch der sinnfälligste Ausdruck dafür, daß man zusammengehörte, das heißt sich zu seinen familiären und gesellschaftlichen Pflichten bekannte. Essen und Trinken in der Gemeinschaft, räumlich wie zeitlich fest fixiert und ein ebenso elementarer wie signifikanter Bedeutungsträger der Identität, kam fast einem (profanen) Kult gleich. Das kam schon allein darin zum Ausdruck, daß Essen und Arbeit einander ausschlossen: Wie bei religiösen Feierlichkeiten ruhte das Tagwerk, wenn man die familiäre oder eine öffentliche Festmahlzeit einnahm. Die Küche, in der alles angerichtet wurde, galt häufig, wie in Teilen Afrikas analog auch die Bierhütte des Sippenältesten, als ausgesprochen sakraler Raum. Saß man zu Tisch, waren stets auch die Ahnen – bei den Römern die Hausgötter – zugegen und speisten mit. In Teilen Europas ist den Familien oft selbst das gemeinsame Mittagsmahl so teuer, daß den Beschäftigten dafür lange Pausen eingeräumt werden. Nach dem Zweiten Weltkrieg, als weithin noch Hunger herrschte, zogen es griechische Männer zum Beispiel vor, die heiße Suppe, die das Rote Kreuz spendierte, nicht in den geheizten Kantinen der Organisation zu löffeln, sondern sie lieber nach Hause zu tragen und gemeinsam mit ihrer Familie zu essen.

Analog darf man auf höherer Ebene verstehen, daß in multikulturellen Gesellschaften jede – religiöse oder ethnische – Gruppe länger als etwa an Tracht und selbst Sprache an ihrer heimischen Küche festhält. Man versichert sich damit in der verwirrenden Vielfalt modernen städtischen Lebens seiner eigenen Traditionen, Geschichte und Identität. Nahrung erhält das Leben; deshalb stellt sie dafür ein ideales Ausdrucksmedium dar, eine «Zeichensprache» von unmittelbar erfahrbarer Informationskraft. Die genannten Differenzierungen nach Art und Reichtum der Speisen garnieren gewissermaßen die Tafel mit zusätzlichen Hinweisen auf Stand und Status der Familie beziehungsweise ihres Oberhaupts.

Ethnographen und Soziologen erhalten daher wichtige Einblicke in die *Kernstruktur* einer Gesellschaft, wenn sie der Frage nachgehen, wer welche Nahrungsgüter produziert oder erwirbt, ob und wie sie verteilt und angeboten werden, wer welche Speisen und Getränke wann und in welcher Gesellschaft genießt und wer dabei bevorzugt oder benachteiligt wird, das heißt: wenn sie die *Zeichensysteme*, die «Texte» der Ökonomie, mehr aber noch der Diätetik, des Speisebrauchtums und der Gastronomie «dekodieren» und verstehen lernen.

11. Heilmittel

Die Magie von Speise und Trank

Essen, in Maßen genossen, stärkt, Trinken, ebenfalls in angemessener Dosierung, erfrischt und belebt. Eine Erfahrung, die besonders Hungernde und Dürstende machen. Doch hängt das sehr wesentlich von der Natur der Speisen und Getränke ab. Bei manchen stellt sich die Wirkung spürbarer ein; andere können im Gegenteil ermüden oder gar zu Beschwerden führen. Überkommene Vorstellungen spielen häufig eine nicht unbeträchtliche Rolle dabei. Einem Bericht nach, der inzwischen gut hundert Jahre zurückliegt, hatte ein junger Afrikaner aus dem damals noch zum belgischen Kolonialreich gehörigen Kongoraum bei einem Freund ein wildes Buschhuhn, dessen Genuß für ihn eigentlich tabu war, gegessen, da sein Wirt, «aufgeklärt» wie er war, ein Experiment mit ihm anstellen wollte und ihm versichert hatte, es handle sich um ein Exemplar der domestizierten Art. Der Braten bekam dem Gast. Als er indes vier Jahre später abermals seinen Freund besuchte, diesmal erklärtermaßen ein Wildhuhn vorgesetzt bekam und es entschieden zurückwies, erfuhr er eine böse Überraschung. Der Freund lachte ihn aus und eröffnete ihm, daß er doch schon bei seinem letzten Besuch, ohne den geringsten Schaden zu nehmen, sein Tabu gebrochen und von dem verbotenen Fleisch gegessen habe; er könne es also ohne weiteres noch ein zweites Mal riskieren. Doch nun war es an ihm, eine böse Überraschung zu erleben. Sein Gast begann auf der Stelle heftig am ganzen Leibe zu zittern, wurde so schwach, daß er sich legen mußte – und verschied binnen 24 Stunden!

Traditioneller Anschauung nach kräftigt generell die altüberlieferte *eigene* Kost, sofern sie jedenfalls nach den alten, bewährten Rezepten, das heißt auf *unverfälschte* Weise zubereitet wurde. Daher legt man bei kultischen Speisen und Getränken, auf deren – magische – Wirksamkeit es in erhöhtem Maße ankommt, besonderen Wert darauf. Spezieller mißt man dann stets, je nach Kultur, dem Honig, bestimmten Pflanzen beziehungsweise einzelnen Teilen und Substanzen (Wurzeln, Mark, Rinde, Säften, Blüten, Samenkörnern), dem Fleisch überhaupt und im besonderen auch hier wieder bestimmten Teilen, Organen und Substanzen (Herz, Nieren, Leber, Hoden, Augen, Blut, Milch) sowie den traditionellen Grundnahrungsmitteln (Brei, Brot und Bier, bei Hirtennomaden der Milch und dem Blut vor allem der Großtiere) einen konzentrierteren Kraftgehalt zu.

Darum galt generell das Gebot, vor allem mit diesen Nahrungsgütern besonders sorgsam umzugehen. Fiel beispielsweise etwas vom Aufgetischten beim Essen zu Boden oder verschüttete man unachtsamerweise ein wenig Bier oder Milch beim An- oder Absetzen des Trinkgefäßes, faßte man das, zum Beispiel im alten Griechenland und nach baltischem und palästinensischem Bauernglauben, als unbeabsichtigtes Ahnenopfer auf. Üblicher war jedoch, darin eine sträfliche Respektlosigkeit zu sehen. Denn eigentlich sollte *nichts* von den aufgetragenen – oder Gästen angebotenen – Speisen und Getränken zurückbleiben; was Männer ihren Frauen und Kindern überließen, wurde von diesen dann restlos verzehrt. Besonders streng achtete man bei Festmahlzeiten darauf. Säuberlich pflegten die Teilnehmer zum Schluß das Eßgeschirr mit dem Finger auszuwischen, diesen dann, wie entsprechend den Löffel, abzulecken und an der Kleidung oder auch dem Haar trockenzureiben. Brot, das man angebissen hatte, mußte man unbedingt vollends aufessen – geriet es einem anderen in die Hand, aß er einem die

Kraft weg. Noch heute schärfen Eltern ihren Kindern ein, Angebissenes zu Ende und den Teller leer zu essen, ohne allerdings den «abergläubischen» Hintergrund der Regel zu kennen. Altem deutschem Volksglauben nach begingen Menschen, die Nahrung vergeudeten, mißbräuchlich mit Brot umgingen oder Milch achtlos verschütteten, «Nahrungsfrevel» und hatten unter Umständen sogar einen Schlimmen Tod zu gewärtigen, der sie nach dem Ableben dem Heer der friedlosen «Armen Seelen» überantwortete.

Blieben Speisereste auf dem Boden liegen, bestand immer das Risiko, daß Fremde sie fanden und Schadensmagie damit trieben. Auf jeden Fall waren sie durch die Berührung mit Schmutz verunreinigt und ungenießbar geworden. In Indien konnten sie nur mehr Angehörige der untersten Kasten essen, ohne Schaden zu nehmen, da sie ohnehin «von Natur aus» unrein waren. In allen Teilen der Welt achtete man daher sehr darauf, daß möglichst nichts, vor allem kein Brot, zu Boden fiel – und am Ende noch jemand darauf trat. Bei Hirtennomaden konzentrierte sich die Hauptsorge auf das Grundnahrungsmittel Milch. Damit tatsächlich nichts davon mit dem Schmutz auf dem Boden in Berührung kam, gossen zum Beispiel Tuareg das Wasser, mit dem man eine Milchschale ausgewaschen hatte, über Felsen aus. Geschah es dennoch einmal, daß jemand aus Unachtsamkeit etwas von dem kostbaren Gut verschüttete, glaubte man befürchten zu müssen, daß der Regen ausbleiben und die Weiden verdorren würden. Sibirische Völker, Eskimo und Indianer Nordamerikas achteten mit gleicher Sorgfalt darauf, daß kein Tropfen Tran oder flüssiges Fett, wie man es nach erfolgreicher Jagd oder zu festlichen Anlässen genoß, vom Löffel tropfte.

Unachtsamkeit, wie sie sich gleichwohl nie gänzlich vermeiden ließ, warf konsequentermaßen ernste «Entsorgungsprobleme» auf. Zu Boden gefallene Speise und namentlich Brotkrumen wurden sorgsam aufgelesen und entweder dem Feuer übergeben, vergraben oder, wenn es sich um ganze Stücke handelte, an sicherer Stelle abgelegt, damit niemand darauf treten konnte – wie in Makedonien zum Beispiel. In Nordafrika und Portugal blies man Brot, das unter den Tisch gefallen war, vorsichtig ab, küßte es und legte es auf die Tafel zurück oder verfütterte es an das Vieh.

Ganz besondere Sorgfalt war einsichtigerweise unter Christen bei der Spendung des Abendmahls geboten. In den frühen Gemeinden der ersten Jahrhunderte wurde das konsekrierte Brot daher sicherheitshalber auf einem – gläsernen oder silbernen – Teller, der «Patene», dargereicht; die Priester ermahnten die Gläubigen achtzuhaben, daß dennoch nichts zu Boden fiel. Geschah das gleichwohl, las man die Krumen sorgfältig auf, schabte den Schmutz ab, mischte ihn mit Wasser und überreichte die Flüssigkeit der Gemeinde als besonderes Gnadenmittel. Analog verfuhr man mit verschüttetem Abendmahlswein. Bei manchen ostmediterranen Gruppen bedeckte man die Stellen, auf die Hostienpartikel gefallen oder Meßwein getropft war, auch mit glühenden Kohlen, doch hielt es die Geistlichkeit auch hier für richtiger, den Boden mit einem Messer abzuschaben, das Gemisch dann allerdings ebenfalls zu verbrennen. Leitend war in allen Fällen das Motiv, daß niemand Gelegenheit erhalte, mit dem Fuß auf das vergossene «Blut» und den «Leib» Christi zu treten.

Dem Christentum war der Glaube vorausgegangen, daß Korn und Brot (bzw. Brei) Teile der alljährlich getöteten jugendlichen Getreidegottheit sind. Daher der Respekt, mit dem man vor allem diesem Nahrungsgut begegnen sollte, und die Vielfalt der Brauchtumsformen im Umgang damit. Oft durften nach der Ernte auch keinerlei Körner auf dem Feld verbleiben. In Hunza im Norden Pakistans las man jedes einzelne auf, weil man fürchtete, daß andernfalls die Fruchtbarkeit des Ackers leide und die nächstjährige Ernte gefährdet sei. Bodenbau treibende Indianer im Osten Nordamerikas, wie die Seneca zum

Beispiel, achteten ebenso sorgsam darauf, daß beim Entkörnen der Maiskolben kein Korn auf den Boden fiel, und hoben es, falls ihnen das doch unterlief, rasch wieder auf, weil sie sich sonst den Zorn – mit entsprechenden Konsequenzen für die kommende Ernte – der Maisgöttin zugezogen hätten. Es handelte sich in der Tat um ein universales Brauchtum. Man begegnete den Nahrungsmitteln, von denen man lebte, mit Behutsamkeit, Rücksicht und Ehrfurcht.

Sie stärkten nicht nur generell, sondern erhielten die Menschen auch gesund – einige mehr, andere weniger. Opfer- und Kultspeisen, in periodischer Wiederkehr genossen, besaßen Heilkraft in besonders konzentriertem Maß. Sie frischten nicht nur die verbrauchten Energien der Gesellschaft immer wieder aufs neue auf, sondern stärkten gleichzeitig auch prophylaktisch ihre Abwehrkräfte. Der heilige Ignatius von Antiochia (2. Jahrhundert) nannte in diesem Sinne das Abendmahl «die Arznei der Unsterblichkeit» (*pharmakon athanasias*): Wer vom Leib und Blut des Auferstandenen aß, hatte Teil am *ewigen* Leben.

Einen wichtigen Bestandteil von Opfer und Festspeisen bildete, des besonderen Kraftgehalts wegen, den man ihm beimaß, Fleisch. Ebendarum hatten auch Männer, über den festlich-kultischen Anlaß hinaus, bevorzugten Anspruch darauf. Nicht nur, daß sie verbreiteter, auch von den Frauen geteilter Auffassung nach ebenso zur Verrichtung ihrer alltäglichen Aufgaben, für Krieg und Verantwortungsträgerschaft wie für ihre nächtlichen Gattenpflichten einen Mehrbedarf an Kraftkost besaßen; sie nahmen, in Familie wie Gesellschaft, auch die priesterlichen Funktionen wahr, das heißt brachten die Opfer dar und kosteten so bevorzugt, wenn nicht ausschließlich von den Sakralspeisen. Da sie die Eigner des Landes und Hüter der lokalen Traditionen waren, kam es zuerst auf *ihre* Gesundheit an.

Es gab jedoch immer auch Fälle, in denen dem Prinzip nach jeder Anspruch auf eine Sonderstärkung besaß. Verletzungen und Krankheiten, auch Potenzschwächen zählten ebenso dazu wie Schwangerschaft und Stillzeit. Erfahrung, kombiniert mit magischen Vorstellungen, hatte hier über Jahrtausende hin zur Entwicklung teils höchst elaborierter *ethnopharmakologischer* Systeme traditioneller Heilkunden und Diätetiken geführt, deren Bedeutung man erst heute, da sie bereits im Verfall begriffen sind, zu würdigen angefangen hat.

Wie weit das zurückreicht, lehrt die Beobachtung, daß offenbar schon Schimpansen (Ostafrikas) über heilpflanzenkundliche Kenntnisse verfügen. Erkranken sie nämlich, ziehen sie sich an eine geschützte Stelle zurück, ruhen viel und ernähren sich dann oft nur von wenigen Blättern bestimmter Pflanzen, die sie einzeln und vorsichtig in den Mund nehmen. Aus einigen saugen sie lediglich den Saft aus, andere schlucken sie unzerkaut. Untersuchungen ergaben, daß die betreffenden Pflanzen tatsächlich medizinisch wirksame Substanzen enthalten. Wohl daher pflücken und fressen die Tiere manche lediglich abends, wenn die Wirkstoffkonzentration am höchsten ist, oder wählen von anderen nur die jungen Triebe aus; denn wie sich zeigte, enthalten die älteren keinerlei Wirkstoffe mehr. Zudem nutzen die Menschen der Umgebung dieselben Pflanzen zu Heilzwekken – etwa gegen Pilz- und Wurmbefall sowie bakterielle und virale Infektionen.

Überhaupt fanden bevorzugt Kräuter, Wurzeln, Rinden und Wildpflanzen aus Busch und Wald zu Kräftigungs- und Heilzwecken Verwendung. Einwohner der Insel Dobu (nördlich der Ostspitze Neuguineas) suchten ihr magisches Wirkvermögen vor jedem Zauber durch den Genuß bestimmter Wurzeln, Blätter und Pflanzensäfte zu stärken. Vor allem von Bäumen wurde weltweit nahzu alles medizinisch genutzt: das Holz, die Rinde, die Blüten und Früchte beziehungsweise deren Kerne und Schoten. Die Substanzen wurden getrocknet oder gemahlen und geschrotet eingenommen; aus manchen stellte man Dekokte und Mischungen her, die unter Umständen noch durch Zusätze gestreckt wurden. Verständlich daher, daß die fortschreitende Abholzung der Wälder in den Entwicklungsländern ernste Probleme für die traditionelle Heilkunde aufwirft.

Therapeutische Diäten spielten auch in der Antike eine große Rolle. Der Genuß junger Brennesseln schützte zum Beispiel das ganze Jahr über vor Krankheit. Dill wurde gegen Epilepsie verwandt – usw. Thessalien und Etrurien, die heutige Toskana, waren für ihre Heil- und Zauberpflanzen – und die «Hexen», die sich besonders mit ihnen auskannten – ebenso berühmt wie berüchtigt. In Deutschland weisen noch viele Pflanzennamen auf ihre vormalige Verwendung in der Heilkunde (bzw. «Hexerei») hin: «Hexenhaar», «Hexenwinde» oder «Hexenzwirn» für die Waldrebe (*Clematis vitalba*), «Hexenleiter» für den Wurmfarn (*Dryopteris filix-mas*) oder «Hexenkraut» für Wolfsmilch (*Euphorbia*). Nach einem Rostocker Kriminalgerichtsprotokollbuch bekannte eine als «Hexe» angeklagte Anneke Engefers am 2. Oktober 1582, einen «Zaubersaft» (eher eine Arznei) aus den folgenden neun Kräutern gebraut zu haben: Wermüde (Wermut), Poppel (Roßpappel, Malve), Unvortreden (Unvertritt, Vogelknöterich), Mater (Mutterkraut), Adermonie (Odermennig), Glatthe Hinrich (Guter Heinrich), Spiknarden (Lavendel), Euerruth (Eberraute) und Negenkraft (Pestwurz).

Das ebenso alte wie simple Prinzip, bestimmte Nahrungsgüter generell beziehungsweise bevorzugt zu essen, andere dagegen zu meiden, um sich gesund und bei guten Kräften zu halten, lebt, mal mehr, mal weniger ausgeklügelt, in den medizinischen Diätetiken seit Antike und Mittelalter bis zum heutigen Tag fort. Christliche wie muslimische Herrscher hielten sich eigene Ärzte für die Überwachung der Zubereitung und Zusammenstellung der Speisen, die auf ihre Tafel kamen. Die Kochbücher handelten oft mehr von medizinischen Anweisungen zur gesunden Ernährungsweise als von Rezepten für verwöhnte Gaumen. Heil- und Kochkunst wurden noch im Zusammenhang gesehen; man hoffte, durch die richtige Diät Leib und Seele harmonisch in Einklang bringen und so – denn darum ging es schon immer vor allem – sein Leben verlängern zu können. In China zählten daher neben Ärzten sehr wesentlich Pharmakologen zu den Autoren. Hu Ssu-hui verkündete in seinen *Prinzipien der korrekten Ernährung* (1330): «Viele Krankheiten können allein durch Diät geheilt werden.» Doch auch der bekannte deutsche Arzt Christoph Wilhelm Hufeland (1762–1836), der neben Wieland, Herder, Goethe und Schiller auch das preußische Königspaar zu Patienten hatte, lehrte noch aus derselben alten Tradition heraus und gilt so heute nicht unverdient als Begründer der modernen Geriatrie und Vorkämpfer der diätetisch-prophylaktischen Medizin.

Zur gesunden Kost zählten schon immer auch Bier und Wein. Beide enthielten die «Seele» oder den «Geist» der Grundnahrungsmittel, hatten, wie man das in traditionellen Gesellschaften durchaus so verstand, essentiell Anteil an der Korn- oder Kulturpflanzengottheit. Wie schon früher erwähnt, ist die Rede vom Bier als «flüssigem Brot» ebenso alt wie sinnvoll. Beiden Getränken schrieb man auch therapeutische Wirksamkeit zu, besonders dem Wein, der in Europa seit der Antike sowohl als Heilmittel eingesetzt wie auch als Basissubstanz zur Herstellung von Medizinen verwandt wurde. Erst ab dem Spätmittelalter kam zunehmend Branntwein in Gebrauch, den Alchimisten beim Destillieren entdeckt hatten. Anfangs nutzte man ihn nur als Arznei; erst allmählich setzte er sich auch als Genußmittel durch.

Die Wirkung des Alkohols ist, sofern man ihn in moderaten Mengen genießt, wohltuend spürbar: Er mildert Sorgen und Ängste, beschwingt, stärkt scheinbar und feuert den Mut an. Daher diente er vielen Völkern auch als probates Mittel zur Vorbereitung auf einen Waffengang. Der Jesuit Martin Dobrizhoffer (1717–1791), der 18 Jahre als Missionar bei den Abipón lebte, einer Indianergruppe im nördlichen Chaco (Paraguay), die während des 17. Jahrhunderts in den Besitz von Pferden gelangt war und eine gewisse Rolle im Kampf gegen die Spanier spielte, gibt ein lebendiges Bild davon:

Die Abiponer dünken sich niemals scharfsichtiger im Rathgeben und herzhafter im Kampfe, als wenn sie tüchtig berauschet sind. In diesem Zustande pflegen sie, ihrem Vorgeben nach, entweders die Gefahr nicht zu sehen, oder sich darüber hinwegzusetzen, sich in geringer Anzahl an viele Feinde zu wagen, die Schmerzen der Wunden nicht sehr zu fühlen, und, des Lebens uneingedenk, dem Tode muthig entgegen zu gehen. Selbst die sonst blos glimmenden Funken des Heldenmuths sollen dadurch bei ihnen in eine helle Flamme auflodern [...] Zu S. Ferdinand zogen wir gewisse Nachrichten ein, daß ein feindlicher Haufe von Tobas und Makobiern wider uns in großen Tagereisen heranziehe und daß sie längstens in Zeit von zweenen Tagen bei uns seyn würden. Erstaunt über diese Nachricht, aber nicht erschrocken, brachten sie die zween Tage mit Überlegen, Schwelgen und Jauchzen über den noch nicht erfochtenen Sieg zu. Nachdem sie die Pferde in die Verzäunung des Fleckens, um sie gleich bei der Hand zu haben, eingesperret, und ihr Gesicht nach ihrer Art schrecklich bemahlet hatten, erwarteten sie, den Becher in der einen Hand und ein Bündel Pfeile in der andern, den Angriff ihrer zahlreichen Feinde. Am Sonntage Quinquagesima um 3 Uhr Nachmittag ließ sich ein Geschwader berittener Wilden von weitem sehen. Ungeachtet nun die Abiponer nach einem so langen Saufgelage weder ihrer Füße noch ihrer selbst mächtig waren, so griffen sie doch nach den Lanzen, schwangen sich durch Hilfe der Weiber auf ihre stets bereit gehaltenen Pferde, und sprengten ohne Ordnung, auf dem ganzen Felde zerstreuet, unter dem fürchterlichen Geheule ihrer Kriegspfeifen, mit verhängtem Zügel auf die heranziehenden Feinde, mit einem so glücklichen Erfolge, daß diese sogleich ihr Vorhaben, die Kolonie zu zerstören, aufgaben, und in den nahen Wäldern Sicherheit suchten

– worauf die Abipón ihnen nachsetzten und eine vernichtende Niederlage bescherten.

Noch im Zweiten Weltkrieg war es allgemein üblich, die Soldaten der vordersten Linien, den «verlorenen Haufen», kräftig unter Alkohol zu halten. Selbst gegen Ende des Krieges, als die

Sieger kaum mehr auf Widerstand stießen, war den ersten einrückenden (amerikanischen) Truppen doch anzusehen, daß sie Mühe hatten, gerade zu gehen und – glücklicherweise – gezielt zu schießen!

Krieger mußten mutig und stark sein, nicht nur, um andere zu töten; mindestens ebenso wichtig war es, das Leben der eigenen Leute zu schützen. Schwangere, die neues Leben, den «Nachwuchs» der Gruppe, in sich trugen, bedurften daher ebenso stärkender Kost und erhielten eine entsprechend bessere, krafthaltigere, als Frauen sonst zugestanden wurde. Das gleiche galt für Wöchnerinnen, wobei es allerdings, dem höheren Ziel des Überlebens aller zuliebe, weniger um ihre Rekonvaleszenz und ihr Wohlbefinden an sich als vielmehr ihre Laktationsfähigkeit und die Qualität der Milch sowie den Erhalt ihrer Fruchtbarkeit ging. Ersteres förderte nach nigerianischem Herkommen reichlicher Genuß von heißem Palmwein oder Hirsebier. Zur generellen Stärkung erhielten die Frauen viel Fleisch und kräftig gepfefferte Fischsuppen zu essen.

Zur Wiederbelebung der – durch die Geburt scheinbar geschwächten – Fruchtbarkeit griff man bei manchen Völkern zu einem Mittel, das auch aus der Tierwelt, und zwar von Fleisch- wie Pflanzenfressern, bekannt ist und europäische Beobachter stark befremdete, weil es nicht eben neuzeitlichem Geschmacksempfinden entspricht. Aus verschiedenen Teilen der Welt wird nämlich – wenn auch nicht mehr aus neuerer Zeit – berichtet, daß Mütter unmittelbar nach der Niederkunft die Nachgeburt, traditionellem Glauben nach gewissermaßen das «Zwillingsgeschwister» des Neugeborenen, verzehrten. Der deutsche Naturforscher Johann Gottfried Georgi (1738–1802), der Ende des 18. Jahrhunderts Sibirien bereiste, bezeugt die Gepflogenheit zum Beispiel von den Tungusen: «Alle ihre Gerichte sind ecklig zubereitet, und theils an sich selbst. Das eckligste von allen ist wohl der gebratene Mutterkuchen entbundener Weiber, den sie *silama*, so wie wenn er gekocht worden *oedechal* nennen, und sehr lecker finden, daher die Mütter ihn selbst versuchen.»

Doch ging es wohl weniger um Feinschmeckerei. Die Itelmen im Nordosten Sibiriens (Halbinsel Kamtschatka), bei denen diese sogenannte «Plazentophagie» ebenfalls üblich war, sagten genau, was sie damit bezweckten: Ihre Frauen, die allein die Nachgeburt aßen, erhofften sich dadurch ihre Konzeptionsfähigkeit zu erhalten und möglichst rasch erneut zu gebären. Von den Jakuten dagegen berichtet Johann Georg Gmelin (1709–1755), ein durchaus zuverlässiger Beobachter, daß es bei ihnen die Männer seien, die dem besonderen Genusse frönten: «Die Nachgeburt aber, besonders den Mutterkuchen, eignet sich der Vater des Kindes als einen Leckerbissen an. Er kocht denselben, ladet seine allerbesten Freunde darauf zu Gaste und lebt bei diesem Gerichte herrlich und in Freuden.»

Man sollte vorsichtig sein, derartige, aus *heutiger* Sicht scheinbar hoch «exotische» Brauchtümer gleich als «Erfindungen» sensationslüsterner Autoren der Entdeckungszeit abzutun, wie das neuerlich gern und allzu voreilig geschieht. Offensichtlich liegt Sinn in der Sitte, und er erschließt sich noch mehr durch ein komplementäres Brauchtum, das mit dem *Ende* des Lebens verknüpft ist und den Bogen gleichsam schließt. Beiden Traditionen liegt der gemeinsame Gedanke zugrunde, das «eigene Fleisch und Blut» nicht einfach irgendwo draußen oder unter dem Boden verrotten zu lassen, sondern es sich, der Familie und Gesellschaft durch *Selbsteinverleibung* über die Generationen hin lebendig «einzubehalten».

Bei nicht wenigen Völkern teils sehr unterschiedlichen Kulturtyps – Indianern Nord- und Südamerikas, australischen *Aborigines*, Papua Neuguineas, Melanesiern, Gruppen des antiken Zentralasien und Alteuropas – schrieb nämlich das Herkommen vor, etwas vom Körper verstorbener Familienmitglieder zu verzehren, seltener den gesamten Leichnam, wie zum Beispiel bei den Aché in Ostparaguay noch bis Mitte des

20. Jahrhunderts. Das Gebot schloß immer nur *Engstangehörige* ein. Früher bezeichnete man das unscharf als «Binnenbestattung», später als «Endokannibalismus». Bei aller Pietät fiel der Verzehr kaum jemandem leicht. Man suchte sich die wenig anmutende Kost daher gewöhnlich «genußtauglicher» zu machen, indem man Weichteile wie Zunge, Herz oder Leber stark röstete und anderen Speisen zusetzte, Knochen zu Asche verbrannte oder weichkochte, zu Mehl zerstieß und in Bier oder Palmwein auflöste. Bei den Massageten, iranischsprachigen Viehzüchtern, die Mitte des 1. Jahrtausends v. Chr. im Gebiet zwischen Aralsee und Kaspischem Meer lebten, kam die Sitte in Kombination mit der Altentötung vor. Von ihnen überliefert Herodot: «Eine bestimmte Altersgrenze gibt es bei ihnen sonst nicht; wenn aber einer gar zu alt wird, da kommen dann alle Angehörigen zusammen und schlachten ihn und anderes, nämlich Vieh, mit ihm, und wenn sie das Fleisch gekocht haben, schmausen sie sich satt. Das gilt bei ihnen für das Beglückendste» (I 216) – auf diese Art zu sterben und «bestattet» zu werden. Dies zu verbürgen, war Pflicht der Angehörigen. Bei den Fore im Hochland von Neuguinea wurden daher noch Mitte der fünfziger Jahre des 20. Jahrhunderts – bevor die australische Mandatsregierung den Endokannibalismus dort unterband – die Ethnologen Ronald und Catherine Berndt mit dem Gruß willkommen geheißen: «Ich esse dich», womit eben zum Ausdruck gebracht werden sollte, daß man sie als Gäste, das heißt Quasi-Verwandte aufzunehmen bereit war.

Die Praxis, der wir heute nur mehr wenig Geschmack abzugewinnen vermögen, bestimmte gleichwohl ein tiefes religiöses Empfinden: Sie sicherte den Erhalt der Lebensseelen, das heißt den kontinuierlichen Fortfluß der Vitalkräfte im Korpus der engeren Abstammungsverwandten «auf Ewigkeit». Das empfahl sich besonders bei unstet lebenden Völkern ohne feste Bestattungsplätze und lokal gebundenen Ahnenkult.

Man war so tatsächlich im Sinne Brillat-Savarins Teil dessen, was man aß. Daher standen traditionelle Gesellschaften auch so beharrlich zu ihrer altangestammten Kost. Das garantierte ihnen nicht nur Gesundheit; es stellte sicher, daß sie die Menschen blieben, die schon ihre Eltern, Großeltern und Ahnen gewesen waren, daß sich ihr «ureigenstes» Wesen, ihre – der ethnozentrischen Ideologie nach – idealen Eigenschaften erhielten, auch die Emotionalität zum Beispiel: Nach Auffassung altindischer wie antiker (und mittelalterlicher) Ärzte prägte die Ernährungsweise die Temperamente der Menschen. Dem lag der magische Glaube zugrunde, daß sich die Eigenschaften von Stoffen (z. B. Brennbarkeit oder Härte), Pflanzen (Heilkraft, Samenreichtum, Giftigkeit), Tieren (Schnelligkeit, Kraft, List) und Naturphänomenen, wie Nacht oder Sturm (düsteres bzw. aufbrausendes Naturell), durch Berührung, Einreiben, Inhalieren und vor allem Verzehr übertragen lassen. Normalkost verbürgte positive Gaben, Fleisch machte stark und tapfer, der Genuß landesfremder Nahrungsmittel dagegen beschwor die Gefahr «abartiger» Eigenschaften herauf.

In kritischen Situationen machte man sich das Prinzip zunutze, indem man zu bestimmten Diäten griff, allgemein zu Heil- und Stärkungsmitteln. Besondere Anlässe erforderten speziellere Maßnahmen: Hatten javanische Tänzerinnen sich heiser gesungen, verabreichte ihnen der Prinzipal des Ensembles ein Insekt zum Verzehr, das sich durch eine schrille, durchdringende Lautgebung auszeichnet. Der große englische Shakespeare-Darsteller Edmund Kean (1787–1833) folgte vergleichbaren Regeln. Er speiste Hammel, bevor er einen Liebhaber gab, Rindfleisch, wenn er einen Mörder, Schweinebraten, wenn er einen Tyrannen zu spielen hatte.

Umgekehrt galt es zu meiden, was schwächen, krank machen oder sonst zu unerwünschten Konsequenzen führen konnte. Dem dienten die *Speisetabus*, deren generellstes darin bestand, sich strikt an die althergebrachten Speisen zu halten und keinerlei Fremdkost anzurühren, eine Regel, die ganz besonders für die zentralen Traditionsträger, also Oberhäupter, Priester und Könige, galt. Ethnologen stießen daher oft auf Abwehr, wenn sie sich bei ihren Gastgebern revanchieren wollten und ihnen Nahrungsmittel und Getränke aus ihren eigenen Vorräten anboten. Furcht vor fabrikgefertigten *Fast-Food*-Gerichten verhilft «Omas Küche» und der «guten alten Hausmannskost» zu erneuter Wertschätzung.

Menschen wieder, die sich in kritischen Übergangssituationen befanden, nahmen es noch genauer mit den Meidungsvorschriften beziehungsweise ergänzten sie durch weitere, wie sie der Anlaß speziell gebot. Schwangere Frauen der Guaranì (Paraguay) hüteten sich zum Beispiel, Doppelbildungen von Hirsekörnern zu essen, um nicht mit Zwillingen niederzukommen; bei den Mbum Kpau im Tschad (Sudan) hatten sie das Fleisch von Antilopen mit Schraubengehörn zu meiden, weil sonst die Gefahr bestand, daß sie deformierte Kinder zur Welt brachten. Krieger südamerikanischer Indianer sollten kein Hirschfleisch essen, um nicht furchtsam zu werden. Die Pythagoreer, bemüht, ihre innere Ausgeglichenheit und einen klaren Kopf zu bewahren, enthielten sich auf Anraten des Meisters – unter anderem – vor allem solcher Speisen, die im Leib Unruhe auslösen, das heißt zu gewissen, flatulenzbedingten Turbulenzen führen konnten.

Tabuisiert waren immer auch bestimmte Tiere, teils weil sie in einem engeren Verwandtschaftsverhältnis zu den Mitgliedern einer Gruppe standen (Totemismus), teils weil sie mißliebige Eigenschaften besaßen. Häufig mied man so beispielsweise, wie auch in Europa noch, fleischfressende Tiere, um nicht ähnliche räuberische oder gar kannibalische Neigungen zu entwickeln. Hildegard von Bingen (1098–1179) verabscheute Eselsfleisch – der vermeintlichen Dummheit des Tieres wegen. In anderen Fällen fußte das Tabu auf dem Glauben, daß es sich um Geschöpfe von höherer Art, das heißt Geistwesen in Tiergestalt, handle. Zu letzteren zählten bei den Batek, einer Sammlerinnen- und Jägerethnie im Innern Malaysias, beispielsweise Weißhand-Gibbon, Nashorn, Python, Flußschildkröte, Bärenmarder und bestimmte Echsen, und zwar vor allem dann, wenn sie größer als artüblich waren oder ungewöhnliche Merkmale aufwiesen. Tötete und verzehrte man sie, hatte man stets mit Krankheiten, ja schweren Unwettern zu rechnen.

Geistwesen ihrerseits «ernähren» sich, wie schon bei Behandlung der Opfer zur Sprache kam, allein von den ätherischen Ausdünstungen gewisser Stoffe, Pflanzen oder Speisen. Sie lieben duftende und verabscheuen schlechte Gerüche. Man konnte sie daher verstimmen, wenn man etwas abbrannte oder aß, was ihnen unangenehm in die Nase stach. Die Sema Naga in Assam durften darum während der Erntezeit weder Rindfleisch noch Zwiebeln genießen, da beider Geruch der Reisgottheit ausgesprochen zuwider war. Unliebsame Geister hält man daher fern, indem man stark oder übelriechende Pflanzen, wie beispielsweise Beifuß (*Artemisia*), Ziest (Betonie, *Stachys*) und vor allem Zwiebeln und Knoblauch unter dem Dach oder über der Tür aufhängt.

In einer kritischen Situation befinden sich auch Liebende, deren Empfindungen nicht erwidert werden. In derartigen mißlichen Fällen suchte man überall auf der Welt seinen Wünschen auf magische Weise näherzukommen. Und neben vielem anderen bediente man sich dazu auch bestimmter pflanzlicher und tierischer Nahrungsstoffe. Unter den letzteren spielten aus naheliegenden Gründen vor allem Hoden und Glied eine bevorzugte Rolle. Männer der Jibaro in Ecuador schabten zum Beispiel etwas Pulver vom Penisknochen des Nasenbären ab und setzten es unauffällig den Gerichten oder Getränken der Frauen zu, auf die sie es abgesehen hatten. Das stimulierte diese dann so, daß sie sich willig verführen ließen. Unter den Pflanzen setzte man – Urform des Parfüms! – besonders auf solche, die einen «lieblichen» oder «aufreizenden» Geruch ausströmten. In den Mittelmeerländern und Europa zählte dazu, neben Vertretern der Moschuskrautgewächse (*Adoxaceae*), vor allem die Alraune (*Mandragora*), ein Nachtschattengewächs. Um sie handelte es sich bei den «Liebesäpfeln», die Ruben auf dem Feld fand und die seiner Mutter Lea und ihrer Schwester Rahel dazu verhalfen, Jakobs Liebe zurückzugewinnen und von ihm zu empfangen (1. Mose 30:14–24). Noch heute mißt man in Arabien dem Geruch ihrer Blüten und Früchte eine erotisch stimulierende und fruchtbarkeitsfördernde Wirkung zu. Setzte man die Wurzel Getränken zu, erhöhte das die Konzeptionsfähigkeit; war sie von männlicher Gestalt, wurde die Frau mit einem Knaben, bei weiblicher mit einem Mädchen schwanger. Sonst erfreuten sich als wirkkräftige Aphrodisiaka auch Pinienkerne, Pistazien, Mandeln und Haselnüsse besonderer Beliebtheit. Vermutlich nur unwissend mochten Männer Geschmack daran finden, wenn, wie früher bei Beduinen Palästinas üblich, Mädchen und Frauen, die sie begehrten, ihre Zehennägel abschnitten, siebenmal wuschen, darauf in reinem Wasser weichen ließen und den Geliebten davon zu trinken gaben oder wenn Gattinnen die erlahmten Empfindungen ihrer Ehemänner neu zu beleben suchten, indem sie ihnen Tag für Tag kleine Prisen ihres getrockneten Kots unter das Essen mischten.

Bei der Bedeutung, das heißt der spezifischen Krafthaltigkeit, die man namentlich der Grundnahrung beimaß, entsprach eigentlich jede Nahrungsaufnahme einem magischen Akt. Das kam ja auch deutlich im Speisebrauchtum wie in der Etikette bei Tisch zum Ausdruck. In allem handelte es sich um mal lediglich rudimentär, mal hoch elaborierte *Rituale*. Bewußter jedoch ging man damit sowohl bei besonderen Speisen als auch zu besonderen Anlässen um. Brot galt, wie gesagt, als sakrale Substanz. Man konnte deshalb nicht einfach gedankenlos darauf herumkauen, Teile zwischen den Fingern zerkrümeln oder gar fortwerfen. Alles, was man mit Brot tat, hatte für das Leben des einzelnen wie der Familie seine bestimmte *magische*

Bedeutung. In «deutschen Landen» sollte zum Beispiel immer, und namentlich über Nacht, wenigstens etwas Brot im Haus sein; wer nicht darauf achthatte, dem ging auch der Segen aus. Eines anderen Brot aufzuessen, bedeutete in Rußland, daß man ihm seine Kraft und sein Glück nahm.

Generell aß und trank man differenziert je nach Anlaß. Die größte Bedeutung kam dabei bestimmten, besonders markanten Wendezeiten zu. Alles, was man während der Übergangsphasen tat, in denen die alte Ordnung sich gleichsam auflöste und die neue sich erst zu konstituieren begann, besaß magische Leitfunktion für die Folgezeit. Jeder Handstreich, jede Verrichtung waren daher zukunftsorientiert und festgelegt. Besonders galt das für Wendezeiten mit starkem Zukunftsbezug, also vor allem für Hochzeiten und die «Tage zwischen den Jahren». Und auch das Essen spielte dabei keine beliebige Rolle. Es war schon die Rede davon, daß je nach festlichem Anlaß stets ganz bestimmte Speisen genossen wurden. Süßspeisen stellten früher eine kostspielige Delikatesse dar. Daher pflegte – und pflegt – man sie in islamischen wie christlichen Ländern zu Neujahr (bzw. an Weihnachten) ganz besonders reichlich aufzutischen – um sich magisch des Wohlstands im kommenden Jahr zu versichern. In Marokko zählen zu den typischen Neujahrsspeisen etwa Pfannkuchen und Zuckerkrapfen, Granatäpfel, Feigen und ein mit Ei, Honig und Rosinen versetzter Brei aus feinem Weizengrieß.

Doch nicht nur die Art, auch der Umfang der Festspeisen war von Bedeutung für die Zukunft. Auf Hochzeiten wie an Neujahr wurde traditionell nicht nur süß, sondern vor allem auch *reichlich und üppig* gegessen und getrunken. Völlerei und Alkoholgenuß bis zum Exzeß zählten nicht nur in ganz Europa zu den üblichen Begleiterscheinungen fröhlicher Festlichkeiten, sie waren auch regelrecht *geboten*, bildeten einen obligaten Teil des Gesamtrituals: Man kaute damit gewissermaßen die erhoffte Fülle des Ehelebens und neuen Jahres magisch vor, trank immer und immer wieder einander auf Gesundheit und Wohlergehen zu.

Essen und Trinken stärkte und heilte, den einzelnen wie die Gemeinschaft. Es durchsetzte das Empfinden und Denken der Menschen in bestimmender Weise, bildete den Inbegriff geselliger Mußestunden. Magische und religiöse Vorstellungen begleiteten es allgegenwärtig und verliehen ihm besonderes Gewicht. Wann immer man sich zum Essen und Trinken zusammenfand, wünschte man einander, um gleich im vornhinein mögliche Mißhelligkeiten abzuwehren, wie sie von irgendwelchen unbekannten Kontaminationen des Aufgetischten oder den neidischen Blicken anderer ausgehen konnten, eine «gesegnete Mahlzeit», einen «guten Appetit», ein «wohl bekomm's» oder ein «auf die Gesundheit!» So hält man es zwar auch heute noch, doch gewöhnlich aus purer Konvention; denn längst sind, zumindest in Wohlstandsgesellschaften, anstelle der magischen Wunsch- und Beschwörungsintentionen Genußgründe in den Vordergrund getreten. Man achtet auf «Qualität», um doch oft genug betrogen zu werden: Allzuviele, meist unbekannte Köche in fernen Laborküchen verderben schon mal den Brei. Die Ahnen sitzen nicht mit zu Tisch und wachen über die Speisen; Götter sind nicht mehr bei den Festen zu Gast, um zu segnen, was sie bescheret haben.

12. Das letzte Gericht

Aus der Geschichte von Küche und Kochkunst

Menschen bereiten ihre Mahlzeiten zu; das hebt sie ab von den Tieren. Wie diese waren sie jedoch lange Zeit auf die Nahrungsressourcen ihrer unmittelbaren Umwelt angewiesen. So bildeten sich, wenn auch auf der Basis gemeinsamer Grundzüge, lokale Küchen und Kulturen heraus. Rohkost spielte dabei stets eine Rolle, vor allem in Sammlerinnen- und Jägergesellschaften. Nüsse, Beeren und anderes Obst, auch Blattgut, wurden nebenbei verzehrt. Man mußte nicht alles ins Lager tragen. Für die Zubereitung am Feuer kamen sie ohnehin erst in Betracht, als es das erforderliche Geschirr dafür gab. Bei den Hauptmahlzeiten jedoch legte man Wert auf Garkost. Ursprünglich handelte es sich dabei um geröstetes Fleisch, zu dem man in der heißen Asche gedünstete Wurzeln und andere Wildvegetabilien aß, nach der Entdeckung des Bodenbaus und der Töpferei um Breie und Brotfladen. Um Feuer und Herd versammelte man sich allabendlich und versicherte einander durch die Etikette bei Tisch die Geltung der altüberlieferten Sozialnormen und Sitten.

Die anthropozentrische spitzte sich zur ethnozentrischen Einstellung zu. Allein die eigene Kost und Küche erhielt verläßlich gesund und am Leben. Sie war Inbegriff dessen, was als «richtiges», zivilisiertes, wahrhaft menschliches Mahlen gelten konnte. Angehörige traditioneller Agrarkulturen sind häufig auch heute noch überzeugt, daß einzig eine gediegene Breimahlzeit pro Tag die Garantie dafür liefert, daß man seinen landwirtschaftlichen, sozialen und politischen Aufgaben in der erforderlichen Weise gerecht werden kann.

Das bedeutet aber, daß man nur wenig von der Küche anderer hält. Im Tschad zum Beispiel besitzen mehrere eng benachbarte Gruppen abweichende Auffassungen zur Genußtauglichkeit von Hirse, Bohnen, Reis und anderen Grundnahrungsmitteln. Jede macht sich über die andere lustig, weil sie für eßbar hält, was man selbst verabscheut. Und stets gilt die eigene Kost für höherwertig. Südindische Ethnien dünken sich ihren Nachbarn überlegen, weil sie *nicht* wie diese Frösche, Schlangen oder Krokodile verzehren. Deutsche werden verächtlich als «*Krauts*», Franzosen als «*Frogs*», Italiener als «*Makkaronis*» oder «Spaghettifresser» bezeichnet. Entfernter lebenden Völkern, die zudem noch eine deutlich abweichende Kultur besitzen, spricht man die Kenntnis der Feuernutzung ab und bezichtigt sie, ihr *Fleisch* – nicht die Wildfrüchte – *roh* zu essen. Das Ethnonym «Eskimo» geht über den französischen Plural *esquimaux* auf *eskimantsik* zurück, einen Begriff aus den Algonkin-Sprachen, der «Rohfleischesser» bedeutet und mit dem die südlich angrenzenden Indianer-Gruppen ihre «barbarischen» Nachbarn im Norden bezeichneten. Sich selbst nannten die «Eskimo» Inuit, zu deutsch «Menschen». Völker, die noch weiter entrückt, am Rand oder jenseits des eigenen ethnographischen Gesichtskreises lebten, traf häufig gar der Vorwurf des *Kannibalismus* – die Europäer nicht ausgenommen. Weit abgelegene Gruppen gingen gewissermaßen über in die Ogern der Märchen- und Sagenwelt, Ungeheuer in Riesengestalt, wie die Kyklopen Homers, die einsamen Wanderern und Verirrten auflauern, sie in ihre Behausungen locken, schlachten und genüßlich verzehren.

Aber nicht nur. Trotz aller mythopoetischen Züge nach den Kriterien des ethnozentrischen Negationsprinzips *je entfernter, desto verkehrter* ist doch Wahres an den Berichten. In neuerer Zeit wurde das freilich im Ungeist postmodernistischer «Destrukturierung» *generell* in Zweifel gezogen. Man meinte darin

pure Erfindungen, «Konstrukte» namentlich der weißen Kolonialherren sehen zu sollen, durchsichtig genug von der Absicht bestimmt, die indigenen Bevölkerungen als wahrhaftige Wilde erscheinen zu lassen, so daß man sich voll gerechtfertigt sah, wenn man sie versklavte und ausbeutete oder auf rüde Weise zu «erziehen» und zu zivilisieren versuchte. Doch ganz abgesehen vom Endokannibalismus, ist auch der «Exokannibalismus» (das Verzehren von Fremden) durchaus sicher, teils noch durch Augenzeugen bis um die Mitte des 20. Jahrhunderts, verbürgt, und zwar zur Hauptsache von Agrar- und Hochkulturgesellschaften Süd-, Meso- und Nordamerikas, Afrikas, Indiens, Indonesiens und Neuguineas. Auf den Antillen frönten ihm unter anderen auch die Kariben, deren Namen die Spanier als *Canibal* wiedergaben, woraus dann, durch Identifizierung der Sitte mit dem Volk, die Bezeichnung «Kannibalismus» entstand.

Zwei Motive für diese Nahrungszufuhr der besonderen Art lassen sich dabei unterscheiden: Neben den sehr seltenen Fällen

Kannibalisches Festmahl bei den Tupinambá, Ostküste Brasiliens, Kupferstich von Theodore de Bry, 1592. Bei verschiedenen Völkern Ozeaniens, Afrikas sowie Amerikas war der Genuß von Menschenfleisch zu spezifischen, in der Regel kultischen Anlässen üblich. Man verzehrte bei diesem sogenannten «Exokannibalismus» ausschließlich Fremde, Leute, die man einfing, oder Kriegsgefangene. Die Opfer wurden, wie im Falle des Bärenkults, einige Monate lang bevorzugt behandelt, erhielten gut und reichlich zu essen und konnten sogar Frauen ihrer «Wirtsgruppe» heiraten. Danach wurden sie getötet und im Rahmen eines Festes verzehrt. Kulinarischer Genuß spielte dabei keine Rolle, denn in der Regel ekelte man sich vor Menschenfleisch. Darum wurde das Fleisch gewöhnlich mit anderen Nahrungsmitteln – zum Beispiel Maniokbrei – versetzt oder geröstet und pulverisiert alkoholischen Getränken beigemischt. Die obige Darstellung scheint bewußt darauf angelegt zu sein, den Vorstellungen des europäischen Lesers von «wilden» Menschen entgegenzukommen. Sie geht auf den Bericht des in portugiesischen Diensten stehenden deutschen Landsknechts Hans Staden (ca. 1516–1578) zurück, der neun Jahre Gefangener der Tupinambá war. Beim sehr viel weiter verbreiteten «Endokannibalismus» dagegen wurden nur verstorbene Angehörige verzehrt, um die Kontinuität der Lebenskraft innerhalb der eigenen Abstammungsverwandtschaft sicherzustellen.

von Anthropophagie («Menschenfresserei») in extremen Notsituationen, wie sie zu allen Zeiten und in allen Kulturen vorkamen, wurde Menschenfleisch entweder aus religiösen Gründen zu kultischen Anlässen oder im Zusammenhang mit Kopfjagd und Krieg gegessen, um den Gegner, wie die Sieger angaben, zu erniedrigen, beziehungsweise sich an ihm zu rächen. Ritueller Kannibalismus fand im Rahmen eines großen Festes statt, mit dem man zum Beispiel das Gedenken an die mythische Ersttötung des Göttlichen Kindes, das die Kulturpflanzen verkörperte, feierlich, ja häufig ausgesprochen andachtsvoll, beging. Gelegentlich pflegte man die Opfer – nicht selten Kriegsgefangene – wie im bereits früher erwähnten Bärenkult einzusperren und regelrecht zu mästen.

Ernährungsphysiologisch war Kannibalismus, wie man gelegentlich lesen kann, nicht begründet, es sei denn in ausweglosen Notsituationen. Verzehrt wurden entweder das Fleisch insgesamt oder nur bestimmte Einzelteile (Arme, Nacken, Zunge) und Organe (Hirn, Herz), sowohl gekocht als auch geröstet, manchmal, wie beim Endokannibalismus, zusammen mit anderem, etwa Schweinefleisch (Neuguinea). Denn häufig widerstrebte den Festteilnehmern durchaus, was ihnen das religiöse Herkommen zu verzehren gebot. Einen «kulinarischen Kannibalismus» gab es wohl kaum; wenn dergleichen behauptet wird, kann man am ehesten noch von «Erfindung» sprechen.

Mit dem Aufkommen hochkulturlicher, das heißt ständisch geschichteter Gemeinschaften begannen sich auch innergesellschaftlich Küche und Speisegewohnheiten zu differenzieren. Höhergestellte aßen erlesener und «zivilisierter» als Angehörige der Unterschichten. Das Gros der Bevölkerung lebte in den alten Mittelmeerländern nach wie vor zur Hauptsache von Brot, Getreidebrei, Fisch, Zwiebeln sowie Gemüsen und Obst der Jahreszeit, dazu im Osten noch von Datteln, im Westen von reichlich Oliven. In den Oberschichten, und zumal bei Hof, konnte man sich nicht nur mehrere Gänge bei Tisch und eine qualitativ höherwertige Kost, sondern auch eine größere Vielfalt an Speisen und besonderen Delikatessen leisten. Im China der Shang-Dynastie (1339–1281 v. Chr.) waren von den rund 4000 Hofangestellten nahezu 60 Prozent für die Küche verantwortlich: 162 stellten täglich – nach bestimmten diätetischen Grundsätzen – die Speisenfolge zusammen, 128 «Chefköche» bereiteten die Gerichte für die königliche Familie zu, weitere 128 kochten für die Gäste und Teilnehmer der höfischen Festlichkeiten, 335 waren speziell für Gemüse-, 70 für Fleischgerichte, 24 für Geflügel und Fisch, 62 für Eingelegtes und Soßen, 94 für Eis und 170 für alkoholische und andere Getränke zuständig. Auch später, etwa während der Ming-Dynastie (1368–1643 n. Chr.), gehörten der Palastküche noch zwischen 3000 und 6000 Bedienstete an.

Europäer, die China bereisten, wie zum Beispiel Marco Polo (1254–1324), zeigten sich stets aufs höchste beeindruckt von der Kochkunst des Landes.

Die chinesische Küche schöpfte sicherlich aus der breiten Vielfalt der lokalen Traditionen des Riesenreichs; die lange und weithin *kontinuierliche* Geschichte trug dann zur Vervollkommnung und «Kanonisierung» des Altüberkommenen bei. Demgegenüber waren die alten Hochkulturen des westlichen und östlichen Mittelmeerraums ständig wechselnden Einflüssen ausgesetzt. Kriege, ethnische und imperiale Überschichtungen, vor allem aber Diplomatie, Pilgerfahrten und Handel führten hier mehr zum Austausch von Kenntnissen, Produktionstechniken, Waffensystemen, Moden – und *Rezepten*. Spätestens mit dem Vielvölkerimperium der Römer setzte eine deutliche Internationalisierung der – wenngleich immer nur gehobenen – Küche ein. An «exotischen» Gerichten erfreute sich breiterer Beliebtheit zum Beispiel der «punische Brei» (*puls Punica*) aus Karthago; in Griechenland lernte man den nach dort aus Lydien eingeführten «Kandaulos» kennen, einen Eintopf aus gekochtem Fleisch, geriebenem Brot, phrygischem Käse, Dill und feiner Brühe. Allerdings blieb es in der Hauptsache bei den einheimischen Nahrungsmitteln. Wegen der langen Handelswege ließen sich nur unverderbliche Güter wie namentlich Gewürzkräuter aus Nordafrika und Persien sowie Ingwer, Kardamom und Pfeffer aus Ostasien, daneben teils auch Hartkäse und Wein importieren. Aus demselben Grund waren römische Militärs, Verwaltungsbeamte und Kaufleute in den entfernteren Provinzen genötigt, mit der landesüblichen Kost vorliebzunehmen, und empfingen dabei mancherlei Anregungen, die sie daheim in Italien dann zur Verwöhnung ihres und anderer Gaumen umsetzen konnten. Betuchtere brachten auch gleich ihre Köche aus Spanien, Kleinasien, Syrien oder Ägypten mit, die wesentlich mit zur Verfeinerung, Variierung und Bereicherung der einheimischen Küche beitrugen.

So entwickelte sich in den gehobenen Kreisen zunehmend eine ausgesprochene Gourmetkultur, deren Auswüchse die Obrigkeit schließlich veranlaßten, eigene «Anti-Luxus-Gesetze» zu erlassen. Reiche Römer betrieben Fischzuchten, zogen auf künstlichen Bänken (den *ostrearia*) Austern, hielten Kaninchen und mästeten ihre Sauen mit Trockenfeigen. Dabei ging es nicht nur um das Fleisch; man aß ebenso auch Euter, Leber, Nieren und Magen, alles auf erlesene Weise zubereitet. Letzteren zum Beispiel reinigte man und rieb ihn zunächst mit Salz und Weinessig aus, um ihn anschließend zu füllen. Spanferkel konnte auf mindestens fünfzehn Weisen zubereitet werden. Eine ganz besondere Spezialität stellte der Siebenschläfer (*Glis glis*) dar, den man spätestens ab dem 2. Jahrhundert v. Chr. in eigenen, den natürlichen Lebensbedingungen des Tieres möglichst nachgestalteten Miniaturgehegen (den *gliraria*) hielt und mit einer Futtermischung aus Walnüssen, Eicheln und Kastanien mästete. Man aß sie nicht pur, sondern versetzte sie mit feingehacktem Schweinefleisch und Pinienkernen, würzte mit Pfeffer und Kräutern, schob das Ganze dann in kleine Öfchen und ließ es eine Zeitlang kochen. In einem früheren Kapitel war bereits ausführlicher von den verschwenderischen Banketten namentlich der Priesterkollegien in Rom die Rede.

Der römische Tafelluxus konnte den Eindruck erwecken, daß man sich auch in dieser Beziehung auf dem Höhepunkt der Entwicklung befand. Dem Gedanken ging der griechische Schriftsteller und «Gastrosoph» Athenaios von Naukratis in Ägypten (3. Jahrhundert n. Chr.) nach. In seinem *Philosophengastmahl* (*Deipnosophistai*) trug er, nicht ohne Augenzwinkern, die These vor, daß die Menschheit vor allem der Kochkunst den Aufstieg aus den Niederungen kannibalischer Barbarei bis hinauf zu den Höhen der römischen Zivilisation verdanke. Seine Überlegungen waren die folgenden:

Als noch Kannibalismus und zahlreiche andere Übel herrschten, trat ein gewisser – und alles andere als törichter – Mann auf den Plan, der als erster dazu überging, das Opferfleisch zu rösten. Und weil es so um vieles besser als [rohes] Menschenfleisch schmeckte, ließ man davon ab, einander zu verspeisen, und bereitete fortan die geopferten Tiere auf ebendiese Weise zu. Durch die genußvolle Erfahrung belehrt, experimentierte man weiter und kam zur Kochkunst. Daher pflegen auch heute noch besonders traditionstreue Zeitgenossen die den Göttern zugedachten Innereien im offenen Feuer zu rösten, ohne sie mit Salz zu bestreuen, da dies anfangs noch unbekannt war. Später jedoch, als sich das Geschmacksempfinden allmählich sensibilisierte, kam man auch darauf. Darum halten es andere, ebendieser ehrwürdigen Sitte unserer Altvorderen gedenkend, wiederum so, das Opfermahl zu salzen. Und aus diesen Anfängen heraus erwuchs unser aller Heil *(soteria)* – die Kultivierung der Lebensformen durch die Verfeinerung der Kochkunst mit Hilfe des Würzens.

Nachdem eine gewisse Zeit verstrichen war, gelang schließlich die Entdeckung des Wurstens. Sein Erfinder kochte ein Zicklein, zerlegte es, setzte eine Süßspeise, dann, dem Auge nicht sichtbar, mit viel Geschick einen Fisch zu und rundete das Ganze zum Schluß mit Zugaben von Gemüsen, reichlich gepökeltem Fisch, Grütze und Honig ab. Und als alle auch aufgehört hatten, das Fleisch der *verstorbenen* Menschen zu essen, verstärkte sich in ihnen, der Genüsse wegen, von denen ich spreche, der Wunsch zusammenzuleben, so daß alsbald die ersten Lokalgemeinschaften, dann – alles, wie gesagt, infolge der Kochkunst! – ganze Städte entstanden. (Athenaios XIV 660 E – 661 C)

Im Mittelalter hatte sich die Drehscheibe des Handels nach Bagdad, der Hauptstadt des Abbasiden-Kalifats (750–1258), verschoben. Die Küche der Machthabenden und Begüterten schöpfte aus römisch-byzantinischen und persischen Hoftraditionen, veredelt durch Luxusimporte aus China, Indien, Syrien, Ägypten und Rußland. Teils beschäftigten die Kalifen renommierte indische Köche.

In Europa, damals noch an der Peripherie des Weltgeschehens gelegen, ging es zunächst noch bescheidener zu. Zwar aß man bei Hofe reichlicher und konnte sich erlesenere Genüsse leisten als Bauern und Bürger, doch bestanden die Speisen und

Getränke auch hier überwiegend aus dem einheimischen Angebot. Immerhin setzte sich die gehobene Küche aus zwei bis drei Gängen mit jeweils mindestens zehn Gerichten zusammen, teils sauer, teils scharf oder süß angerichtet, abwechselnd aus Gekochtem, Geröstetem und Gebratenem bestehend. Ein gewisses Maß an «internationaler Küche» belebte die Tafeln jedoch bereits auch im 15. Jahrhundert. Besonderer Beliebtheit erfreuten sich beispielsweise ungarische und böhmische Spezialitäten, wenig später auch «Hecht auf polnische Art». In ganz Europa bildeten die schon erwähnten ursprünglich deutschen «Weißgerichte» und *Olla potrida*, die «Nationalsuppe» des spanischen Mittelstandes, fast kaum mehr besondere Spezialitäten. Letztere bestand in ihrem Ursprungsland aus Kohl, Lauch, Mohrrüben, Zwiebeln, Kürbis, Schweine-, Hammel- und Kalbfleisch sowie reichlich Speck, versetzt mit Essig und Öl und mit Knoblauch und Pfeffer gewürzt.

Doch darbte man auch in – zumindest gesetzteren – bäuerlichen Haushalten nicht unbedingt. Selbst an Fasttagen konnte sich eine Mahlzeit, wie ein erhaltener Speisenplan aus dem 16. Jahrhundert belegt, aus den folgenden Gängen zusammensetzen: 1. Weißkohlsalat, mit hartgekochten Eiern garniert, dazu Bratfisch, anschließend ungarische Käsesuppe mit Zwiebeln und als Beilage frisch gesottene Eier; 2. eingemachte schwarze Karpfen; 3. Grünkraut mit Backfisch oder gehackten Rüben; 4. eingemachter Hering mit Zwiebeln; 5. warme Erbsen mit Sauerkraut; 6. Stockfisch, fein weiß mit Zwiebeln, Milch und Butter gekocht; 7. Gebackenes, Kuchen, Hohlhippen (gerollter Fladenkuchen), Setzküchlein und eine Schüssel mit Obst, Nüssen und Käse. Entsprechend gehobener pflegten bürgerliche Familien zu «fasten». Ein bayerisches Kochbuch, das allerdings aus späterer Zeit, aus der Mitte des 19. Jahrhunderts, stammt, empfiehlt als Fastenspeise für zwölf Personen das folgende, aus acht Gängen bestehende Menü: 1. Schnecken- oder Fischklößchensuppe; anschließend beliebig blau abgesottene Fische mit

Essig und Öl; 2. Pastetchen mit Krebs und Fisch oder Kroketten von Fischfarce; 3. Sauerkraut mit Stockfisch oder Spinat mit Rühreiern; 4. schwarzer Karpfen mit abgeschmalzten Nudeln oder gesalzenen Krebsen, danach Pudding; 5. Dampfnudeln mit Vanille-Sauce oder Wandeln mit Brot, Konfitüre und Chateau-Soße; 6. beliebig gebackener Fisch und gebackene Froschschenkel mit Salat; 7. gekochte Krebse; 8. zum Dessert: Mandeltorte oder ein beliebiger Obstkuchen, Schokoladencreme, Kleinkonfekt. Davon ließ sich nahezu alles aus heimischen Ressourcen bestreiten. Bedenkt man die später übliche Regel: sonntags Fleisch, samstags Eintopf und freitags Fisch, scheint mit dem Wohlstand eher Genügsamkeit eingekehrt zu sein.

Ein Hauch orientalischer Gaumenfreuden war bereits Jahrhunderte früher mit den heimkehrenden Kreuzrittern auf die besser besetzten Tafeln Europas gekommen; exotische Gewürze lieferte alsbald der aufblühende Orienthandel Venedigs und Genuas. Ein Leipziger Klosterkochbuch verzeichnete bei etlichen Rezepten eigens, von woher sie «mitgebracht» worden waren.

Anders als in den reichen islamischen Ländern gab es im Okzident immerhin gewisse kulinarische Oasen, in denen zumindest einige Traditionen der römischen Küche von ehedem weitergepflegt wurden. Die Klöster, deren Obere sich überwiegend aus Angehörigen adeliger Familien rekrutierten, waren weltlichen Tafelfreuden keinesfalls abgeneigt. Zwar hatte der heilige Benedikt von Nursia (ca. 480–547) in seiner berühmten Ordensregel enge Grenzen auch für Gaumen und Magen gezogen, doch billigte er den Mönchen pro Mahlzeit gleichwohl bis zu drei Gerichte zu. Außerdem ließen sich die Vorschriften bei einiger Phantasie, zu der die klösterliche Abgeschiedenheit reichlich Raum bot, elastisch auslegen und durch ansprechende Alternativen erweitern. Das Fleischverbot führte zum Beispiel zu einer raffinierten Gemüse- und Fischküche. Dazu wurden Eier und Käse, teils auf die verschiedenste Weise variiert und kombiniert, gegessen und nicht Wasser oder Fruchtsaft, sondern Bier und Wein, sonntags Met getrunken. Die meisten Klöster zogen ihre eigenen Reben, brauten Bier, betrieben Viehzucht und besaßen große Gemüse-, Kräuter- und Obstgärten, in denen, je nach Lage, neben Äpfeln, Birnen, Pflaumen und Quitten etwa auch Kastanien, Hasel- und Walnüsse, Mandeln und Feigen angebaut wurden. Es gebrach also im Grunde an wenig.

Sicherlich war das nicht ganz im Sinne der Kirche. Manche heiligen Männer, wie Bernhard von Clairvaux (1091–1153), der Gründer des Zisterzienser-Ordens, geißelten denn auch die klösterliche Küchenkultur. «Denn wer kann sagen», spottet er zum Beispiel in seiner *Apologia ad Guillelmum*, «auf wieviele Weisen allein schon Eier – um von anderen Dingen ganz zu schweigen – gedreht und gequält werden, mit wieviel Fleiß sie auseinandergeholt, geschlagen, flüssig oder hart gemacht und verkleinert und bald geröstet, bald geschmort, mal gefüllt, mal gemischt oder einzeln aufgetischt werden?» Man hat berechnet, daß in besonders wohlhabenden Klöstern die tägliche Kost kaum weniger als 5000 bis 6000 Kalorien enthielt.

Kein Wunder also, daß Adelige, ja Könige gern einmal im Kloster einkehrten, um sich so recht nach Herzenslust verwöhnen zu lassen. König Ludwig IX. von Frankreich (reg. 1226–1270), dem «Heiligen», wurden bei einem Besuch im Konvent der Minoriten von Sens, wie ein Begleiter berichtet, «zuerst Kirschen, dann schneeweißes Brot» vorgesetzt. «Dann bekamen wir junge Bohnen in Milch gekocht, Fische und Krebse, Aalpastete, Reis mit Mandelmilch und gestoßenem Zimt, Aale in einer ausgezeichneten Soße, Torten und Quarkkäse; und auch die üblichen Früchte bekamen wir reichlich und geziemend.» Immerhin mußte das Kloster also über einen Küchenmeister verfügen, der sein Handwerk, dank langer Übung, sichtlich beherrschte.

Allerdings blieb die «*Haute Cuisine*» bis zur Neuzeit nur auf wenige Hochkulturzentren beschränkt: China, das antike Rom, die islamischen Kalifate des Mittelalters und Frankreich etwa ab der Renaissance. Und Männer hatten daran den entscheidenden Anteil. Denn seit dem Altertum pflegten die Herrscher beziehungsweise begüterte Adelige und Patrizier, wie in Rom, ihre Küche ausschließlich eigenen «Mundköchen» anzuvertrauen. Nur in den afrikanischen Sakralkönigtümern durften allein die Ehefrauen des Monarchen ihren Gatten das Essen zubereiten.

So erklärt sich auch, daß die ersten bekannten Kochbücher von Männern – gelehrten Feinschmeckern, Hofköchen und Ärzten, da man mit einer guten Küche immer auch diätetische Gesichtspunkte verband – geschrieben wurden, die allerdings weislich mit genaueren Angaben etwa zu Mengen-, Anteilsverhältnissen und Dauer der Koch- und Bratzeiten zurückhielten; denn eigentlich legten sie, wie besonders kreative und versiertere Köchinnen und Köche noch heute, Wert darauf, daß ihre Rezepte geheim blieben, beziehungsweise allein an ihre Schüler weitergingen. Von Athenaios war schon die Rede. Er schöpfte indes seinerseits bereits aus älteren Quellen, unter anderen aus dem verschollenen, offenbar hochgeschätzten Werk eines Mithaikos über die sizilianische Kochkunst, das bereits Platon erwähnt, sowie der *Gastrologia* des Sizilianers Archestratos von Gela (4. Jahrhundert v. Chr.), einem Gedicht in epischem Stil, das in lockerem Plauderton wohlschmeckende Gerichte aus vielen Ländern der damals bekannten Welt beschrieb. Der Verfasser hatte eigens dazu weite Reisen unternommen. Quintus Ennius (239–169 v. Chr.) übersetzte es rund hundert Jahre später ins Lateinische. Erhalten ist es gleichwohl nur in einigen größeren Fragmenten. Einflußreicher bis weit ins Mittelalter hinein blieb die Schrift *Über die Kochkunst* (*De re coquinaria*) des in Rom berüchtigten und schon früher genannten Schlemmers Marcus Gavius Apicius (1. Jahrhundert n. Chr.), eine nach Nahrungsmittelarten und Gerichten geordnete Zusammenstellung von Rezepten, in die übrigens auch eine Spezialabhandlung über Tunken eingearbeitet war. In der Folge immer wieder überarbeitet und ergänzt, ist sie nur in verschiedenen späteren Fassungen erhalten.

In China sind die ersten Kochbücher aus der T'ang-Zeit (618–906) überliefert; doch bauten auch sie zweifellos auf älteren Vorlagen auf. Wie schon früher erwähnt, überwogen bei chinesischen Speiseanweisungen medizinische Gesichtspunkte; es ging um Empfehlungen zur gesunden, «richtigen» Ernährung. Ähnlich verhielt es sich bei den wiederum zahlreichen Schriften zur Kochkunst aus dem islamischen Hochmittelalter.

Dieselbe Intention verrät auch der Titel des Kochbuchs *Über die rechte Ernährungsweise* (*De observatione ciborum*) aus der Feder des Griechen Anthimos (6. Jahrhundert), eines Hofarztes Theoderichs des Großen (reg. 471–526) in Ravenna. Aus der Schrift wurde oben bereits im Zusammenhang mit der Bedeutung, die man in fränkischen Adelskreisen dem Fleischgenuß beimaß, zitiert. Ab dem 14. und 15. Jahrhundert wurden in Europa dann mehr und mehr Kochbücher oder «Küchenmeistereien» publiziert. Ein berühmtes Beispiel ist der um 1370 erschienene *Fleischkoch* (*Viandier*) von Guillaume Tirel, genannt Taillevant, der Küchenchef am Hof Karls des V. (reg. 1364–1380) von Frankreich war. Die meisten frühen Kochbücher dieser Zeit wurden aber wohl nicht von ungefähr von Mönchen verfaßt. Überdies konnten sie sich nur an Kreise richten, die des Lesens mächtig waren, das heißt unter den Frauen allein an Adelige und Damen des Großbürgertums. Diese traten dann bald auch als erste weibliche Kochbuchautoren auf.

Neben den allgemeineren wurden früh auch schon speziellere Kochbücher verfaßt, die sich zum Beispiel mit der Zubereitung von Fisch- und Gemüsegerichten, von Konfekt und Soßen befassen oder die Kräuterkunde zum Gegenstand haben. «Chemie» spielte, wenn man so will, auch damals bereits eine Rolle. Ältere Kochbücher enthielten zum Beispiel Anweisungen zur

Koch vnnd Kellermeiste-
rey/von allen Speisen vnd Getrencken/viel
guter heimlicher Künste / Auch wie man Latwergen /
Salsen/Confect/Conserven/vnd einbeyzung machen
sol/von mancherley Früchten/Blumen/Kreu-
tern vnnd Wurtzelen/Einem jeden im
Hauß sehr notwendig vnnd
nützlich zu gebrau-
chen.

Gedruckt zu Franckfurt am Mayn / durch
Wygand Han/in der Schnurgassen.
1 5 5 7.

Titelblatt eines deutschen Kochbuchs aus dem Jahr 1563. Kochbücher wurden bereits in der Antike für reiche Feinschmecker oder Herrscher verfaßt. Eine besondere Blüte erlebten sie mit dem Aufkommen des Fernhandels während des Mittelalters in China, Vorderasien und Europa gleichermaßen. Die Verfasser waren anfangs Ärzte, Apotheker, Hofköche und Mönche, etwa ab Beginn des Spätmittelalters auch Damen des Großbürgertums.

Herstellung von Essig und Speisefarben. Professionelle «Nahrungsmittelhandwerker» belieferten Bäcker, Fleischer, Bier-, Met- und Essigbrauer; Lebzelter produzierten nach je eigenen Rezepten Honig- beziehungsweise Lebkuchen, Apotheker, neben Arzneien und anderem, Konfekt und Würzweine.

Man befand sich am Beginn der «Entdeckungszeit». Der Überseehandel gewann neue Dimensionen. Und mit ihm kamen nicht nur mehr exotische Gewürze, sondern auch neue Gemüse, Früchte, Getreide und Genußmittel wie Kartoffeln, Tomaten, Bohnen der Gattung *Phaseolus*, Kürbisse, Mais, Reis, Kakao, Tee und Tabak nach Europa. Manche von ihnen lösten geradezu Umwälzungen in den heimischen Speisegewohnheiten aus. Man denke nur an die vielen regionalen Kartoffelgerichte in «deutschen Landen», die Rolle der Tomate in der italienischen Küche oder die Bedeutung des Tees in England.

Der «Entdeckung» folgte der Kolonialismus. Mit ihm drangen europäische Speise- und Trinkgewohnheiten in die überseeischen «Besitzungen» vor, teils mit verheerenden Konsequenzen für die indigenen Bevölkerungen, deren Ökologie, Nahrungshaushalt und religiöse Vorstellungssysteme dadurch in Erschütterung gerieten. Australische *Aborigines* begannen *Corned beef* aus Büchsen zu essen. Einwohner Papua Neuguineas delektierten sich an Dosensardinen. Mütter gaben ihren Säuglingen Milch aus Pulver zu trinken. Männer verfielen dem «Feuerwasser», und der Zucker ruinierte zunehmend die Zähne aller. Durch die Gewöhnung an den Import gerieten frühere Nahrungsmittel, wie namentlich Sammelkost, in Vergessenheit oder sanken zur Notnahrung herab, zu der man auch in knappen Zeiten schon aus Statusgründen nur mehr ungern griff.

Im Gegenzug durchsetzen die gastronomische Landkarte westlicher Städte zunehmend Kolonien fremdländischer Küchen und machen kulinarische Reisen möglich, ohne daß man sich fortzubewegen braucht: In Europa werden inzwischen Spezialitäten aus praktisch allen Weltregionen angeboten. Selbst in kleineren Städten kann man chinesisch, serbisch, griechisch, italienisch, thailändisch, teils auch «polynesisch», marokkanisch, ja eritreisch speisen – findet jedoch, außer vielleicht noch in Baden-Württemberg, kaum noch Lokale, in denen alteinheimische Regionalgerichte angeboten werden. Die Speisekarten in Restaurants, Flugzeugen oder Kantinen verheißen «internationale Küche», eine Art Einheitskost, deren *Basso continuo* Kartoffeln, Mohrrüben, Salate und verschiedene Schnitzelarten («Jägerschnitzel»!) bilden.

Diese gewisse, gleichsam pointilistische Vielfalt aus «internationaler» und «nationaler» Küche täuscht jedoch ernstlich. Unterschwellig hat in allen Gaststätten und Nobelrestaurants längst die *Fast-food*-Apokalypse begonnen. Vieles hat, bevor es die Küche erreicht, chemische Fertigungslabors durchlaufen, wurde gefärbt, haltbar und «schmackhaft» gemacht. Im Privatleben sieht es nicht anders aus. In den Regalen der Nahrungsmittelläden liegt nahezu ausnahmslos «Vorgefertigtes». Sicherlich gibt es dafür gediegene marktökonomische Gründe. Doch bleibt es ein *kulturgeschichtliches* Indiz. Manche Gastrosophen sehen darin das Ideal neuzeitlicher Freiheit verwirklicht: Man kann jederzeit, wo immer man sich gerade befindet, allein oder in Gesellschaft, essen, wonach einem der Gaumen steht. Kritiker wieder sprechen von «Gastroanomie». Nicht nur die Gesundheit sei durch die zunehmende industrielle Nahrungsmittelproduktion gefährdet; Essen und Trinken büße zunehmend auch seine gemeinschaftsstiftende, *soziale* Bedeutung ein.

Mikrowelle statt Herd, Labor und Fertigungshalle statt Küche: Die Globalisierung beginnt ihr Gorgonenhaupt auch über den Tafeln der Eßzimmer und Restaurants zu enthüllen. Es fällt nicht jedermann leicht, darin eine kulinarische Segnung zu sehen. Sollte der Drache, statt mit Feuer und Schwefel, die Welt am Ende der Tage mit der totalen *Mcdonaldization* heimsuchen? Werden wir dann, mit glattglobalisiertem Geschmackssinn, alle *Hamburger* essen und dazu *Coca-Cola* trinken? Eine wahrhaft apokalyptische Vorstellung! Dem würde der Autor auch fürderhin und *entschieden* Bratkartoffeln mit Spinat und Spiegeleiern vorziehen.

Literaturhinweise

Arnott, Margaret L. (Hg.): Gastronomy: the anthropology of food and food habits. The Hague 1975.

Brothwell, Patricia & Don R. Brothwell: Manna und Hirse: eine Kulturgeschichte der Ernährung. Mainz 1984.

Caplan, Pat: Feasts, fasts, famine: food for thought. Oxford 1994.

Farb, Peter & George Armelagos: Consuming passions: the anthropology of eating. Boston 1980.

Fenton, Alexander & Trefor M. Owen (Hg.): Food in perspective. Edinburgh 1981.

Goody, Jack: Cooking, cuisine and class: a study in comparative sociology. Cambridge 1982.

Harris, Marvin: Wohlgeschmack und Widerwillen: die Rätsel der Nahrungstabus. Stuttgart ²1989.

Josuttis, Manfred & Gerhard Marcel (Hg.): Das heilige Essen: kulturwissenschaftliche Beiträge zum Verständnis des Abendmahls. Stuttgart 1980.

Montanari, Massimo: Der Hunger und der Überfluß: Kulturgeschichte der Ernährung in Europa. München 1999.

Paczensky, Gert von & Anna Dünnebier: Leere Töpfe, volle Töpfe: die Kulturgeschichte des Essens und Trinkens. München 1994.

Teuteberg, Hans J. & Günter Wiegelmann: Unsere tägliche Kost: Geschichte und regionale Prägung. Münster 1986.

Wiegelmann, Günter & Ruth-E. Mohrmann (Hg.): Nahrung und Tischkultur im Hanseraum. Münster 1996.

Wiswe, Hans: Kulturgeschichte der Kochkunst: Kochbücher und Rezepte aus zwei Jahrtausenden. München 1970.

Anmerkungen

1 Gemeint war hier die sogenannte «Mohrenhirse» (*Sorgho* oder *Sorghum*), eine Gattung der Süßgräser, deren Samen zu Brei und Fladenbrot verarbeitet werden.

2 Weil er eines vorzeitigen, sogenannten «Schlimmen Todes» gestorben ist und insofern keine förmliche Bestattung erfährt, so daß seine Seele nicht ins Totenreich zu den Ahnen findet und sich eines Tages reinkarnieren kann.

3 Die Römer unterhielten – wie im übrigen auch die alten Chinesen – eigene Austernzuchten.

Bildnachweis

Seite 17: Aus: Universum der Kunst, Frühzeit des Menschen. Von Denis Vialou, München 1992, S. 110. – *Seite 21:* Aus: Maguelonne Toussaint-Samat, Histoire naturelle et morale de la nourriture, Paris 1987, S. 26. – *Seite 25:* Foto: Wulf Schiefenhövel. – *Seite 26:* Foto: Ute Ritz-Müller. – *Seite 27:* Foto: Anthony Bannister, Gallo Images/Corbis. – *Seite 31:* Foto: Klaus E. Müller. – *Seite 39:* Foto: Andrea Bühler. – *Seite 43:* Foto: Jürgen Wasim Frembgen. – *Seite 78:* Aus: Leopold von Schrenck, Reisen und Forschungen im Amur-Lande in den Jahren 1854-1856. Bd. III 2, Tafel 49, St. Petersburg 1895. – *Seite 160:* Foto: AKG, Berlin.